TOUT SUR LES HYPOTHÈQUES

Alberta Cefis

et

Roberta Hague

TOUT SUR LES HYPOTHÈQUES

MNH

Les Publications MNH reçoivent chaque année du Conseil des Arts du Canada et de la Société d'aide au développement des entreprises culturelles du Québec une aide financière pour l'ensemble de leur programme de publication.

Nous reconnaissons l'aide financière du gouvernement du Canada par l'entremise de son Programme d'aide au développement de l'industrie de l'édition (PADIÉ) pour nos activités d'édition.

Catalogage avant publication de la Bibliothèque nationale du Canada

Cefis, Alberta

    Tout sur les hypothèques

    Traduction de: The simple truth about mortages.

    Comprend un index.

    ISBN 2-921912-99-6

    1. Prêts hypothécaires - Canada - Ouvrages de vulgarisation. 2. Hypothèques - Canada - Ouvrages de vulgarisation. 3. Habitations - Achat - Canada - Ouvrages de vulgarisation. 4. Crédit - Canada - Ouvrages de vulgarisation. I. Hague, Roberta. II. Titre.

HG2040.5.C2C4714 2004   332.7'2'0971   C2004-940508-X

Traduction : Guylaine Cardinal

Révision : Geneviève Breuleux

First published in Canada by Key Porter Books Limitec, Toronto, Canada, 2004

Publications MNH Inc. • ISBN 2-921912-99-6

Dépôts légaux : 2e trimestre 2004

Bibliothèque nationale du Québec

Bibliothèque nationale du Canada

Imprimé au Canada

PUBLICATIONS MNH INC.

    C.P. 88030, LONGUEUIL (QUÉBEC) J4H 4C8   TéL. (514) 931-5197

    Courriel : mnh@mnh.ca

Site web : www.mnh.ca

Distribution au Canada

    Librairies: Bayard distribution

    Grandes surfaces : Socadis

Table des matières

Préface

Emprunter est une pratique courante au Canada. Dans un sondage mené sur le sujet, six Canadiens sur dix appuient l'énoncé " Le fait d'être endetté me fait peur ", mais neuf Canadiens sur dix contractent tout de même des dettes. En effet, la plupart d'entre nous n'aurions pas la maison et le train de vie que nous avons si ce n'était de l'emprunt. Les données nous révèlent que trois quarts des Canadiens considèrent les paiements de leurs dettes comme faisant tout simplement partie des dépenses courantes reliées à leur train de vie.

Les Canadiens sont conscients qu'ils doivent rembourser leurs emprunts. Si 80 % d'entre eux disent avoir un *plan précis* de remboursement, ils démontrent cependant peu de rigueur au moment d'emprunter, et accumulent facilement des dettes ici, et là. En fait, dans un pays aussi consommateur que le nôtre, on admettra que les méthodes de gestion des emprunts sont plutôt douteuses.

La plupart des Canadiens disent avoir déjà retardé certains achats, faute d'argent. En contrepartie, plusieurs n'ont pas attendu d'avoir les fonds nécessaires pour se procurer ce qu'ils désiraient. Certains trouvent difficile de reporter un achat lorsque le besoin ou le désir est immédiat.

Si, six Canadiens sur dix disent avoir pris des mesures pour réduire leurs emprunts sur des cartes de crédit à taux d'intérêts élevés, et qu'un même nombre disent avoir réduit le nombre de leurs cartes de crédit, la moitié d'entre eux n'ont toutefois pas consolidé leurs dettes de façon à payer le moins d'intérêts possibles. Dans l'état actuel des choses, il semble bien que les Canadiens aient besoin d'aide en matière de crédit et de financement.

Cela est d'autant plus évident lorsqu'on regarde l'âge auquel les Canadiens espèrent avoir remboursé leurs dettes. Il n'est pas surprenant de constater que l'âge moyen envisagé par les Canadiens pour rembourser leurs dettes est de plus en plus élevé en fonction des groupes d'âges, à l'image d'une échelle où s'ajouteraient de nouveaux barreaux au fil du temps. Les automobiles, la maison, les enfants, l'éducation postsecondaire, un chalet, les vacances ne sont que quelques-unes des raisons pour lesquelles les dettes font maintenant partie de la vie de beaucoup de gens. Notre sondage démontre, en moyenne, que les gens dans la trentaine croient pouvoir se libérer de leurs dettes d'ici l'âge de 45 ans. Une fois les 45 ans atteints, on constate que ces mêmes personnes ont repoussé leur objectif à l'âge de 56 ans. Sans tenir compte du degré de confort avec l'endettement, les Canadiens souhaitent, en général, se libérer de leurs dettes avant d'atteindre la cinquantaine.

Il va sans dire que le bon vouloir n'est pas suffisant pour effacer les dettes. Il faut aussi s'interroger sur le *comment* réduire la dette. Plus de la moitié des Canadiens croient que les institutions financières pourraient les aider en examinant l'endettement total et en suggérant des façons de procéder. Ce livre s'adresse à tous ceux qui désirent obtenir cette aide.

Au cours des 23 dernières années, la firme Ipsos-Reid a réalisé des recherches sur les consommateurs canadiens et leurs habitudes d'emprunt pour le compte de plusieurs institutions canadiennes de prêt. Durant la dernière décennie, nous avons produit des études annuelles sur l'endettement, l'habitation et les prêts hypothécaires, qui se sont avérées précieuses à l'échelle nationale. Grâce à ces études, nous en avons appris beaucoup sur les motivations, les attentes et les comportements des consommateurs canadiens. Nous avons été à même d'observer comment ces valeurs, ces attitudes et ces attentes ont pu jouer un rôle sur le comportement des Canadiens en matière d'emprunt.

Nous avons eu le privilège de travailler avec la Banque Scotia pour des études portant sur les questions d'emprunt et d'endettement des consommateurs. Nous sommes heureux de constater que nos collègues de la Banque Scotia s'intéressent aux questions de propriété et d'emprunt. Ils ont prodigué des conseils précieux pour aider les Canadiens à se libérer du joug de l'emprunt et leur fournir des solutions qui pourraient non seulement les aider à réaliser leurs rêves, mais aussi à les vivre en toute quiétude.

John Wright
Premier vice-président, Ipsos-Reid
Mars 2004

Introduction

Au cours de leur vie, la plupart des Canadiens seront appelés à contracter plusieurs prêts hypothécaires et personnels. À titre de banquiers ayant œuvré dans le domaine des finances personnelles depuis plus de vingt ans, nous avons rencontré des personnes qui voulaient réaliser leurs rêves : Grâce à un prêt hypothécaire, un couple a pu racheter l'ancien chalet familial dès sa mise en vente. Un autre homme, avec un prêt personnel, s'est acheté un motorisé afin que lui et son épouse, tous deux retraités, puissent parcourir le pays, de Cabot Trail jusqu'au Yukon. Nous avons aussi conseillé des gens qui se sentaient accablés par leur prêt hypothécaire ainsi que des jeunes qui, plutôt que de célébrer l'obtention de leur diplôme universitaire, étaient angoissés à cause de leurs prêts étudiants. Les personnes rencontrées, ravies ou désespérées, avaient toutes une chose en commun : elles ont emprunté de l'argent, voire même beaucoup d'argent.

Ces personnes avaient aussi en commun le fait qu'elles auraient pu user de meilleures stratégies au moment d'emprunter. Qu'entend-on par là? C'est très simple. L'homme qui a acheté le motorisé était si content d'obtenir son prêt qu'il n'a pas pris le temps de se demander s'il y avait une meilleure façon de financer son achat. Cette personne n'a pas pleinement bénéficié de son pouvoir d'emprunt. Il ne s'agit pas ici simplement de savoir comment négocier le meilleur taux d'intérêt possible. Il y a plus que cela.

Tout sur les prêts hypothécaires a été conçu pour vous guider dans votre vie, à titre d'emprunteur et de propriétaire de maison, afin de vous donner un meilleur aperçu des points essentiels au cœur de vos décisions et de vous munir d'outils pratiques qui vous aideront à démystifier le sujet. Les banques et les autres institutions prêteuses ont fait de grands progrès pour mieux informer le public au moment d'emprunter. On peut dorénavant obtenir des informations claires et simples en matière de financement, et l'arrivée d'Internet permet d'accéder beaucoup plus facilement à des renseignements précieux, comme ceux du bureau de crédit. Votre défi consiste donc à profiter le mieux possible de ce nouveau courant de transparence.

Il est facile de se sentir dépassé par les démarches d'une demande de prêt hypothécaire ou d'une ligne de crédit. Comme de lourds intérêts sont en jeu – la maison familiale, par exemple – le niveau d'anxiété augmente facilement. Tout le monde craint d'être jugé ou rejeté à partir d'informations financières personnelles. Dans le passé, la prise de décision semblait compliquée et mystérieuse. De nos jours, avec un meilleur accès à l'information, on peut faire une demande de crédit en ayant déjà une bonne idée de la réponse qu'on obtiendra.

Cet ouvrage considère que votre maison est un investissement. Il ne s'agit pas uniquement de votre résidence, mais probablement du plus important investissement que vous aurez à faire dans votre vie. Nous verrons de quelle façon vous pouvez protéger cet investissement et l'utiliser à bon escient. Vous serez familiarisés aussi avec les points importants relatifs aux prêts hypothécaires. (Nous supposons que si vous pouvez payer votre maison en argent comptant, vous n'aurez pas nécessairement besoin de lire ce livre!)

À qui le livre *Tout sur les prêts hypothécaires* s'adresse-t-il? À tous ceux qui croient pouvoir mieux emprunter mais sans savoir comment s'y prendre. À tous ceux qui ne sont pas à l'aise avec l'idée d'emprunter et ceux qui n'ont jamais réellement évalué l'importance de leur endettement et le coût qui s'y rattache. À tous ceux qui se demandent comment gérer leur argent à tous les mois. En particulier, Or, si vous êtes aux prises avec des dettes étudiantes après l'obtention de votre diplôme, d'un prêt-auto qui n'en finit plus, ou que vous vous apprêtiez à effectuer le versement initial pour votre première maison, ce livre est pour vous. Si vous avez emprunté de l'argent ou entrevoyez de le faire et que vous ignorez comment vous y prendre pour rembourser votre dette, la lecture de cet ouvrage vous sera précieuse. Si vous planifiez acheter une maison ou que vous en avez déjà une – même si vous l'avez entièrement payée et que vous avez brûlé tous vos contrats de prêts hypothécaires – ce livre peut tout de même vous être utile. Si, comme la famille canadienne moyenne, vous avez deux ou trois enfants brillants qui souhaitent poursuivre des études universitaires, ce livre vous sera utile.

On retrouve en librairie beaucoup plusieurs nouveaux livres sur les placements investissements, mais on remarque que le nombre de titres portant sur les emprunts, les prêts hypothécaires et l'acquisition d'une maison sont limités, et que ceux qu'on nous propose ont été écrits par des Américains pour des Américains. Le présent ouvrage est axé sur les valeurs, la culture, les taxes, les lois et les services financiers que l'on retrouve au Canada. Il ne faut surtout pas se fier à un expert américain ou à son beau-frère de l'Ohio en matière de finance canadienne!

Le premier chapitre du livre traitera de notre appétit grandissant pour l'emprunt. Nous verrons les mythes et les fausses perceptions qui proviennent de sources d'information dépassées. Nous définirons la place de l'emprunt (dettes et crédit) sur notre marché.

Vous vous demandez peut-être ce que cette lecture vous apportera. En général, vous vous sentirez mieux. Vous trouverez des stratégies simples qui vous aideront à mieux gérer vos emprunts et à mieux connaître vos options. Vous verrez comment réduire vos coûts d'emprunt. Vous verrez comment vous organiser afin de vous libérer de cette anxiété constante causée par un fardeau trop lourd. Vous trouverez les solutions qui conviennent le mieux à vos objectifs personnels et à votre zone de confort.

Vous pourrez vérifier vos capacités à franchir la prochaine grande étape. Qu'il s'agisse d'une propriété à la campagne pour votre retraite ou d'un loft en ville, vous devrez répondre à certaines questions fondamentales : Êtes-vous prêt à acheter une maison? Quel type de maison pouvez-vous vous permettre? Est-ce un condominium, une maison en rangée ou une maison isolée? Serez-vous situé à la ville ou en banlieue? Peut-être songez-vous à acheter une maison de campagne, un chalet de ski ou une petite cabane en plein bois. Si vous possédez déjà une maison, vous comprendrez le rôle clé que la possession d'une propriété joue dans votre portefeuille de placement.

Cessez de vous inquiéter (activité infructueuse et épuisante!) et concentrez-vous plutôt sur vos rêves et vos passions. Vous connaissez tous le vieil adage disant que la vie est trop courte. Il est vrai que les enfants grandissent vite et que les rêves peuvent s'effriter avec le temps. Nous avons tendance à ne pas nous impliquer activement dans notre vie financière et ce n'est pas parce que nous n'avons pas la capacité de prendre de décisions. Mais nous avons peur de nos dettes et, dans le tourbillon la vie, nous ne prenons pas le temps nécessaire pour nous occuper de nos besoins et de nos désirs financiers. Nous vous aiderons à trouver les outils qu'il vous faut pour aller de l'avant et améliorer votre situation financière.

Avec des taux d'intérêt qui sont à leur plus bas depuis les 40 dernières années et des taux fixes de prêts hypothécaires qui sont à leur plus bas depuis les 50 dernières années, nous jouissons d'une situation unique dans l'histoire. En même temps, nous sommes aux prises avec une montagne de dettes, un ralentissement marqué des industries et une baisse du marché considérée comme la deuxième plus importante au cours des cent dernières années. Les dépenses en consommation ont cependant été bénéfiques pour l'économie canadienne. Comme il s'agit d'une bonne période pour les consommateurs, il est temps de réfléchir sur ce qu'il y a à faire pour s'assurer une sécurité financière. En lisant ces pages, vous en aurez pour votre argent. Nous n'avons pas toutes les réponses, mais nous pouvons apaiser certaines de vos inquiétudes. Nous tenterons de vous faire sourire et peut-être même de vous surprendre. Préparez-vous, nous commençons...

Chapitre 1

Détruire les mythes

Catherine a plusieurs cartes de crédit dont les soldes sont très élevés. À chaque mois, elle rembourse, en moyenne, un peu plus que le paiement minimum exigé sur chacune de ses cartes. Une fois par année, lorsqu'elle reçoit un bonus de son employeur, elle rembourse tout ce qu'elle doit sur ses cartes de crédit.

Catherine fait ce que beaucoup d'entre nous font. Nous savons qu'il faut repayer en entier le solde de nos cartes de crédit à tous les mois, comme nous savons qu'il faut manger beaucoup de légumes et faire de l'exercice régulièrement – ce que nous faisons d'ailleurs beaucoup mieux. Alors, à quoi bon lire ce livre? Ne vous en faites pas, il ne s'agit pas ici d'un autre guide financier qui vous dira de toujours repayer vos cartes de crédit en entier. Nous voulons plutôt vous aider à trouver votre zone de confort et à améliorer la qualité de vos emprunts. Tout comme la plupart des Canadiens, vous avez accumulé des dettes au cours des années. Après tout, il faut voir les choses en face : l'endettement est une réalité pour la plupart des gens. Certains préfèrent parler de « crédit », mais il faut tout de même en assumer les coûts!

Dans les études sur les consommateurs, réalisées au cours des vingt dernières années, on nous a raconté plus d'une fois l'histoire des « bonnes dettes » et des « mauvaises dettes ». « Le crédit est une bonne chose jusqu'à ce qu'il se transforme en dette », se fait-on dire. Bien qu'il y ait une part de vérité dans cette observation, ce n'est pas tout à fait juste. Il est vrai que les Canadiens arrivent à distinguer les bonnes dettes des mauvaises dettes. On sait qu'une mauvaise dette en est une qui n'ajoute pas à votre valeur. Une bonne dette en est une qui vous permet d'acquérir une plus-value d'actif. (En passant, les mauvaises dettes ne sont pas toutes sur les cartes de crédit et il n'est pas nécessairement dangereux d'utiliser les cartes de crédit.)

Voyons maintenant comment votre avoir propre foncier peut améliorer votre position d'emprunt. À l'heure actuelle, les Canadiens ont des dettes se chiffrant à plus de 800 milliards de dollars. Les trois quarts de cette somme sont destinés à des prêts hypothécaires, tandis que l'autre quart est destiné aux lignes de crédit personnelles, aux prêts et aux cartes de crédit. Au cours des deux dernières années, on a observé une hausse de 20 % des emprunts, ce qui s'explique en grande partie par les faibles taux d'intérêt et la hausse de la valeur des immeubles. L'augmentation la plus significative était celle des lignes de crédit personnelles, particulièrement les lignes de crédit garanties gagées sur biens – qui s'avèrent une forme d'emprunt flexible et économique. Malgré le fait que beaucoup de Canadiens aient remboursé des emprunts à taux d'intérêt élevé par l'entremise d'un financement à faible taux d'intérêt, le taux de croissance global des emprunts a connu une hausse vertigineuse.

Vous avez probablement contribué à cette augmentation du crédit à la consommation, ce qui a pu se refléter, avec une certaine anxiété, sur votre niveau personnel de dettes. Détendez-vous. Nous calculerons votre endettement actuel, détruirons certains mythes et nous vous aiderons à mieux gérer vos emprunts.

Voici quelques personnes dont les profils vous seront peut-être familiers. Elles sont à différentes étapes de la vie et illustrent diverses situations.

Catherine, qui a fait son apparition au début de ce chapitre, est âgée de 32 ans. Elle est directrice de compte dans une agence de publicité à Vancouver. Elle a une belle vie, une famille très unie et un cercle d'amis qui, tout comme elle, sont cultivés et sociables. Elle devrait d'ici peu obtenir une promotion et sa carrière est en plein essor. Catherine loue un bel appartement dans un immeuble au cachet ancien avec vue sur l'eau. Elle aimerait acheter un condo, mais les prix des immeubles à Vancouver sont astronomiques. Elle voit ses amis qui se marient et qui achètent des maisons. Catherine estime que son plus grand avoir est son vélo de montagne et que sa ligne de crédit est un symbole de réussite, mais elle se demande s'il lui sera un jour possible d'avoir sa propre maison.

Maria et Xavier sont un couple au début de la trentaine. Ils se sont connus à l'université et se sont mariés à la fin de leurs études. Ils habitent à Toronto avec leur fillette de quatre ans et leurs jumeaux de deux ans. Maria et Xavier furent à la fois ravis et anxieux d'apprendre qu'ils attendaient des jumeaux. La maison qu'ils avaient en ville était plutôt petite et ils ont décidé de déménager dans une nouvelle maison plus spacieuse, en banlieue. Le trajet de la maison au travail se fait assez bien en automobile. Les parents de Maria sont des immigrants d'origine portugaise et les parents de Xavier sont aussi immigrants, mais d'un héritage européen mixte. Bien que l'achat de la nouvelle maison ait quelque peu resserré leur budget, Maria et Xavier vivent maintenant plus près de leurs familles qui leur sont d'une grande aide. De plus, le quartier est principalement composé de jeunes familles et ils s'y sentent tout à fait bien.

Lorsque sa fille a eu six mois, Maria est retournée sur le marché du travail. Toutefois, trois enfants signifiaient des frais de garderie élevés, au-delà de ce que le couple pouvait se permettre. Or, après avoir discuté avec leur directeur bancaire, Maria et Xavier ont pris de grandes décisions financières. Maria a quitté le marché du travail pour s'occuper des enfants. Ils ont dû aussi remplacer l'une de leurs deux voitures par une plus récente et plus fiable, car Xavier doit parcourir un plus long trajet pour se rendre au travail. Avec toutes les dépenses encourues récemment, ils sont un peu serrés dans leur budget, mais avec du temps et de l'aide, ils devraient assez bien s'en sortir.

Xavier a sa propre petite entreprise de services de nettoyage et c'est lui qui paie les frais du ménage. Le couple est très prudent dans ses dépenses.

Samira et Frédéric en sont tous les deux à leur second mariage. La famille de Samira vient du Moyen-Orient et celle de Frédéric est originaire de l'Europe de l'Est. Samira a 47 ans et Frédéric en a 53. Ils vivent à Montréal.

Samira a deux enfants de son premier mariage qui sont au début de la vingtaine. L'un étudie en médecine et l'autre en architecture. Ils ont chacun leur appartement et vivent avec des camarades de classe. De son côté, Frédéric a trois enfants, fin vingtaine, début trentaine, ils sont célibataires. Tous trois sont bien établis et vivent dans la région de Montréal. Frédéric a aussi un fils aîné qui est marié et qui vit à Ottawa avec sa jeune famille. Ils viennent souvent faire leur tour à Montréal. Samira et Frédéric ont ensemble sept frères et sœurs vivant en Europe et en Amérique du Nord, ainsi que plusieurs neveux et nièces avec lesquels ils communiquent souvent par courrier électronique.

Frédéric est propriétaire d'une concession automobiles. Samira est directrice des finances dans une boulangerie de moyenne envergure. Toute la famille parle couramment anglais et français, mais Samira parle aussi très bien le farsi, ayant vécu son enfance en Iran. Frédéric, lui, parle très bien le hongrois. Ils aiment les arts et les voyages. Somme toute, leur situation financière est bonne, mais les frais universitaires des enfants leur ont coûté cher et leur petite maison en rangée prend de l'âge et requiert régulièrement des réparations assez coûteuses.

Frédéric croit gérer l'argent du ménage mais, en réalité, Samira doit aussi participer financièrement. Comme elle et son mari n'ont pas de régime de retraite, tous les mois, lorsqu'elle peut le faire, Samira place une petite somme d'argent dans un REER. Ils savent tous deux qu'ils doivent planifier leur retraite qui, même si ce n'est pas pour demain, n'est pas si loin. Ils commencent à se demander si leur maison actuelle, qui leur convenait bien dans le passé, n'est pas un peu trop étroite pour recevoir les membres de leurs familles lorsqu'ils sont de passage. Et le grand escalier pourrait devenir un problème lorsqu'ils seront plus âgés.

Les personnes dont nous venons de parler ont entretenu certains mythes à propos de leurs dettes. Nous avons tous entendu des histoires à propos de personnes qui ont eu des problèmes à cause de leurs emprunts. Plusieurs de ces histoires perpétuent l'idée de « mauvaises dettes ». De fausses perceptions, fondées sur des vérités de l'époque qui n'en sont désormais plus, jouent aussi un rôle. Par exemple, les conseils de parents et de grands-parents bien intentionnés qui ont acheté leur maison, il y a plus de 30 ou 40 ans, risquent de ne pas vous servir aussi bien que vous le voudriez dans la réalité actuelle.

Qu'entendons-nous par là? Une collègue nous a récemment parlé d'un message publicitaire qu'elle a vu à la télé. Une femme fait des confitures dans sa cuisine et lorsqu'on lui demande pourquoi elle vire les pots à l'envers une fois remplis, elle avoue l'ignorer, mais dit que sa mère faisait ainsi et que sa grand-mère aussi. Voilà qui illustre bien notre propos.

Il est difficile de se sortir du moule. Nous avons tous reçu notre lot de conseils (désirés ou non) de nos parents, de nos voisins, de nos amis et ces conseils font partie d'une tradition qui s'est transmise de génération en génération. Or, ce qui pouvait être approprié à une certaine époque se perpétue d'une génération à l'autre, jusqu'à ce que de nouvelles sources d'information plus actuelles nous dirigent vers d'autres avenues.

Revenons à l'exemple des pots de confiture. Il est vrai que certaines personnes réussissent à sceller leurs pots de confiture en les virant à l'envers. Bien que cette méthode fonctionne, elle n'est toutefois pas la meilleure. Comme le sceau n'est pas très efficace, la confiture peut se gâter. Une méthode plus recommandée consiste à immerger les pots dans l'eau bouillante. Vos pots seront mieux scellés et vous pourrez jouir de votre confiture pour une bonne année. De plus, la méthode de l'eau bouillante est plus sûre que la méthode de paraffine utilisée dans les cuisines d'autrefois.

Voici quelques messages clés véhiculés dans les mythes que nous avons entendus. Certains de ces conseils risquent de vous être familiers.

1.   « Rembourser entièrement son prêt hypothécaire est une bonne décision. »
      « Rembourser entièrement son prêt hypothécaire est une mauvaise décision. »

2.   « Il vaut mieux cotiser à son REER avant de payer son prêt hypothécaire. »
      « Il vaut mieux payer son prêt hypothécaire avant de cotiser à son REER. »

3.   « L'immobilier est un bon investissement. »
      « L'immobilier est le pire investissement qui soit. »

4.   « Si les taux d'intérêt augmentent, on risque de perdre sa maison. »
      « Si les taux d'intérêt augmentent, on ne risque rien. »

5.   « Il faut d'abord rembourser ses cartes de crédit. »
      « Il vaut mieux conserver ses cartes de crédit actives afin de préserver sa solvabilité. »

Vous avez déjà un bon aperçu du portrait : il n'y a pas qu'une seule position qui convienne à tous. Chacune de ces observations a un fond de vérité. Votre situation est unique, au même titre que vos buts personnels, vos expériences, les occasions qui se présentent à vous et vos modèles de comportement. Souvenez-vous qu'un conseil est souvent fondé sur l'unique expérience de la personne qui vous le prodigue.

Comme il n'y a pas qu'une seule réponse, il faut garder en vue certains principes directeurs. En les étudiant un à un, vous serez sur la bonne voie pour devenir propriétaire de votre maison et vous libérer de vos dettes.

1. Il est important de rembourser votre prêt hypothécaire. C'est la bonne chose à faire si vous n'avez pas d'autres emprunts à des taux d'intérêt plus élevés que celui de votre prêt hypothécaire. Trop de gens célèbrent le remboursement de leur prêt hypothécaire, en invitant même parfois amis et voisins pour un barbecue durant lequel ils se font une joie de brûler leur contrat de prêt hypothécaire dans une splendide cérémonie. Et ils font la fête tandis qu'ils ont un prêt-auto et un solde de 10 000 $ sur leur carte de crédit! En réalité, l'idée d'utiliser votre revenu et vos épargnes pour rembourser entièrement votre prêt hypothécaire n'est pas la meilleure solution s'il vous reste des emprunts coûteux. En général, le prêt hypothécaire est celui qui a le plus bas taux d'intérêt. Il vaut mieux rembourser les emprunts plus coûteux avant de rembourser son prêt hypothécaire. En agissant ainsi, vous aurez réellement quelque chose à célébrer!

2. Doit-on mettre son argent dans un REER ou repayer son prêt hypothécaire? Tentons de résoudre, une bonne fois pour toutes, cette question qui fut l'objet de tant de confrontations dans les familles au cours des trente dernières années, depuis l'avènement des REER au Canada. Vaut-il mieux cotiser à un REER ou faire un paiement anticipé sur son prêt hypothécaire? Pour la plupart des gens, la plupart du temps, dans la plupart des cas, la réponse est simple : cotisez d'abord à votre REER, puis utilisez le remboursement d'impôt engendré par votre cotisation au REER pour faire un paiement anticipé sur votre prêt hypothécaire. En général, si les taux d'intérêt sont bas, il est plus profitable de cotiser à un REER. Dans quelles circonstances ne serait-il pas profitable de le faire? S'il se produit une hausse des taux d'intérêt et que vous ayez du mal à assumer des versements hypothécaires plus élevés lors du renouvellement de votre prêt hypothécaire. Il est donc important que vous regardiez votre situation fiscale de près. Pourquoi ne pas cotiser à un REER et obtenir un remboursement d'impôt de l'ADRC (Agence des douanes et du revenu du Canada) qui pourrait vous servir à réduire votre prêt hypothécaire?

    Une autre réponse à ce dilemme consiste à mettre votre prêt hypothécaire dans un REER autogéré. Avec cette méthode, vous finissez par vous payer à vous-même l'intérêt du prêt hypothécaire. Vous devez toutefois avoir suffisamment de droits de cotisation dans votre REER afin de pouvoir inclure la valeur entière de votre prêt hypothécaire, ce qui n'est pas une option pour tous. Nous reparlerons davantage de cette option au chapitre 4.

3. L'immobilier peut s'avérer un bon investissement. La valeur de l'investissement dépend de votre horizon temporel et de ce que vous désirez faire de votre propriété. Pour que l'immobilier soit un bon investissement, vous devez penser à long terme. Ce sera évidemment un meilleur investissement s'il s'agit de votre résidence principale, car la valeur de votre gain peut s'accroître sans être imposable. En contrepartie, les personnes qui veulent avoir un revenu d'investissement et augmenter leur valeur en capital, trouvent avantageux d'avoir une propriété qu'elles peuvent louer et qui leur procure une rentrée de fonds mensuelle.

4. La question du taux d'intérêt est devenue plus inquiétante depuis que les taux d'intérêt ont atteint des niveaux historiquement bas, car ils sont plus susceptibles d'augmenter. Encore une fois, votre capacité d'assumer des taux plus élevés dépend de votre situation personnelle. Pouvez-vous assumer 100 $ de plus par mois en intérêts? Sur une ligne de crédit ayant un solde de 75 000 $ à 5,5 %, il faudrait que le taux d'intérêt augmente de 1,65 %, donc qu'il passe à 7,15 % pour accroître les versements d'une telle somme. Si vos liquidités sont très sensibles aux augmentations des taux d'intérêt, il vaudrait mieux opter pour un plus long terme afin de garantir vos versements. À l'échéance du terme, votre revenu aura probablement augmenté et vous pourrez faire des versements plus élevés. Vous êtes la seule personne à connaître votre situation. Faites part de vos besoins à l'établissement qui vous prête afin d'opter pour la stratégie d'emprunt qui vous convienne le mieux.

5. Les cartes de crédit ne procèdent pas toutes de la même manière. On entend souvent le conseil « Remboursez d'abord vos cartes de crédit ». On suppose ici que les cartes de crédit sont des véhicules d'emprunt à intérêts élevés, mais ce n'est pas toujours le cas. Le meilleur conseil serait donc de rembourser l'emprunt ayant le taux d'intérêt le plus élevé, ou de trouver une solution permettant de payer des intérêts moins élevés sur cet emprunt. Si vous avez une carte de crédit à un taux de 19 %, pourquoi ne pas transférer votre emprunt sur une carte de crédit ou une ligne de crédit à intérêts moins élevés? Si vous avez des prêts non garantis, pouvez-vous les convertir en prêts garantis gagés sur biens immobiliers – ce qui est généralement la forme d'emprunt la plus avantageuse – en optant pour un prêt hypothécaire à terme ou une ligne de crédit garantie? En prenant 10 000 $ sur des cartes de crédit à taux d'intérêt élevé et en réduisant le taux d'intérêt annuel de 5 %, vous pouvez épargner 500 $ par année. Si vous baissez le taux d'intérêt, en passant d'une carte de crédit 19 % à une ligne de crédit à 7 %, vous épargnerez 100 $ par mois en frais d'emprunt. Le problème n'est donc pas attribuable à la carte de crédit, mais bien au taux d'intérêt que vous devez payer. Certaines cartes de crédit ont des taux très attrayants comparables aux taux de lignes de crédit personnelles. C'est à vous de vérifier les taux d'intérêt. Ne vous mettez pas la tête dans le sable en ignorant ce que vous payez. Informez-

vous et utilisez la carte de crédit et les autres véhicules d'emprunt qui répondent le mieux à vos besoins, que ce soit pour les points récompense, la protection d'assurance ou un meilleur taux d'intérêt.

Voyons d'autres mythes qui méritent d'être détruits, tout en expliquant certaines choses qui pourraient vous être utiles lorsque vous devez emprunter (vous trouverez aussi des définitions importantes dans le glossaire à la fin du livre) :

- « Ne payez rien avant deux ans ». Si vous achetez des meubles ou des appareils électroménagers d'un commerçant qui vous offre l'option de ne rien payer avant un an ou deux, vérifiez les petits caractères sur votre contrat afin de ne pas vous retrouver dans l'obligation de payer une somme énorme d'intérêts d'un seul coup. Il peut aussi y avoir des frais importants reliés à ce type d'entente de paiement différé. Certaines ententes sont bonnes; d'autres peuvent vous coûter cher. Il vaut donc mieux s'informer à l'avance à propos des frais et paiements et lire vous-même les modalités de paiement attentivement. Si certains points ne vous semblent pas clairs, demandez des précisions.

- « Les six premiers mois à un taux d'intérêt incroyablement bas ». S'il s'agissait *réellement* d'une offre incroyable, on ne pourrait pas vous l'offrir. Tôt ou tard, il y aura un prix à payer. La question consiste à savoir comment vous devez payer et à quel moment vous devez le faire. Le taux d'intérêt augmentera-t-il au bout de quelques mois? Y a-t-il des frais annuels élevés portés à votre compte? Lorsque vous regardez ces offres de taux initial, vous comprenez mieux ce que signifie l'acronyme TAP. Il s'agit du taux annuel en pourcentage, qui est le taux annuel moyen de l'intérêt appliqué à votre emprunt au cours de la durée, y compris les frais qui y sont associés. Au moment d'emprunter, informez-vous toujours du TAP afin de connaître le coût total de votre emprunt.

- La responsabilité la plus importante de l'emprunteur est de régler ses paiements à la date d'échéance prévue. Beaucoup de gens se demandent jusqu'à quel point le fait de régler dses paiements en retard peut nuire à leur crédit. Il n'y a pas de réponse précise et les prêteurs ont chacun leurs critères de retard de paiement. Certains prêteurs inscriront dans votre rapport de solvabilité tout retard de paiement, même s'il s'agit d'une seule journée. D'autres attendront trente jours de retard et peut être même que cela se produise à plusieurs reprises, avant d'en faire état. En bref, un versement en retard ne nuira pas à votre cote de crédit, mais dix versements en retard le feront. Cinq versements en retard pourraient avoir un impact, mais les conséquences peuvent varier. L'historique de paiements est inscrit et rapporté sur votre rapport de solvabilité pour un minimum de trois ans. Or, si vous envisagez faire de nouveaux emprunts, assurez-vous d'effectuer vos paiements régulièrement et en temps prévu. Le fait de régler le paiement minimum exigible est suffisant pour conserver une bonne cote de crédit.

●   Recourir à un prêteur pour repayer une dette auprès d'un autre prêteur ne devrait pas nuire à votre cote de crédit. Votre rapport de solvabilité portera simplement la mention « payé ». C'est tout comme si vous aviez payé vous-même. Donc, si vous trouvez un prêteur qui est en mesure de vous offrir un taux d'intérêt plus avantageux, vous lui demandez de rembourser votre prêteur d'origine et vous liquidez le compte de ce dernier.

Si vous avez des difficultés à effectuer les paiements minimums exigibles, vous pouvez recourir aux services de conseillers en crédit (offerts par Orientation de crédit du Canada). Les agences membres sont sans but lucratif. Un conseiller peut vous venir en aide si vous êtes dans une situation qui peut vous sembler insurmontable, surtout si des agences de recouvrement sont sur votre cas. Si vous êtes à ce stade, votre rapport au bureau de crédit en fera probablement état et d'éventuels prêteurs pourraient en tenir compte. Les prêteurs constatent que vous avez éprouvé des difficultés dans le passé et peuvent refuser de vous accorder du crédit dans l'avenir. Ainsi, vous devrez payer davantage pour compenser le risque anticipé du prêteur. Il faut donc gérer prudemment ses emprunts pour ne pas se retrouver dans cette fâcheuse situation.

●   Il est plus important que jamais de protéger votre cote de crédit. La tarification de votre emprunt est de plus en plus liée à votre profil de solvabilité. *Une* tarification basée sur le risque détermine le taux d'intérêt que vous paierez pour votre emprunt en fonction de votre profil de solvabilité. Dans le cas de crédit renouvelable (cartes de crédit et lignes de crédit), on utilise davantage la tarification basée sur le rendement, ce qui signifie que votre taux d'intérêt sera rajusté à la hausse si vos paiements sont en retard et que vous ne réglez pas le paiement minimum. Avec une tarification basée sur le rendement, votre compte passera d'un taux majoré à un taux courant ou à un taux privilégié si vous effectuez régulièrement vos paiements pour une période de temps donnée.

Vous trouverez d'autres informations sur les cotes de crédit au chapitre 7. Il est très important de comprendre les cotes de crédit et c'est pourquoi nous nous penchons sur cette question. Votre cote de crédit joue un rôle déterminant dans la réalisation de vos rêves et votre chance de devenir propriétaire. Avant d'aller plus loin dans cette question, commençons d'abord par mieux comprendre les raisons qui nous poussent à adopter certains comportements. Nous devons d'abord faire une réflexion personnelle si nous voulons avoir toutes les données nécessaires en main au moment d'apporter les changements nécessaires dans nos stratégies d'emprunt.

CHAPITRE 2

Les valeurs et les attitudes qui nous guident

Avant d'observer nos comportements face à l'emprunt, examinons d'abord ce qui motive nos agissements. Voici l'hypothèse de base :

> Nos aspirations, combinées à nos valeurs et à nos attitudes, ainsi que nos expériences, nos attentes et les occasions qui s'offrent à nous détermineront notre comportement.

Comment ce cadre culturel a-t-il évolué au fil du temps?

Si vous êtes né et avez été élevé au Canada, il est possible que vos professeurs, parents ou grands-parents vous aient parlé de l'emprunt en vous citant des passages de Shakespeare ou de Benjamin Franklin. Si c'est le cas, peut-être que les citations suivantes vous seront familières :

> *« Ne sois pas emprunteur, ne prête pas non plus,*
> *Car prêter perd souvent l'argent avec l'ami »*

> « Qui cherche un prêteur cherche un crève-cœur ».

La première citation se retrouve dans *Hamlet*, de William Shakespeare, alors que Polonius prodigue des conseils à son fils, Laertes, qui quitte le pays pour la France. C'est dans ce même passage qu'on retrouve les conseils paternels de Polonius à son fils : « Ceci surtout : sois ferme en tes opinions. » La deuxième citation est de Benjamin Franklin, cet économiste et grand homme d'État, qui déclara que la voie vers la richesse reposait largement sur le dur labeur et une vie austère.

Nombreuses sont les familles où l'on dictait la façon d'épargner. Les médias nous ont également submergés de conseils sur la façon d'investir. Les étagères des librairies débordent d'ouvrages préconisant différentes stratégies de placement. Mais le message que nous retenons à propos de l'emprunt demeure essentiellement le même : « N'empruntez pas à moins que vous n'y soyez vraiment obligé ». On reçoit rarement des conseils sur la façon d'être un emprunteur efficace. Mais pour y arriver, nous devrions d'abord reconnaître que nous *sommes* des emprunteurs. Ce qui nous forcerait alors à discuter d'argent. Mais beaucoup se sentent mal à l'aise quand vient le temps de discuter du prix des choses (sauf quand ils ont flairé une vraie bonne affaire). En fait, nous sommes plus enclins à parler de sexe qu'à parler d'argent. Pourtant, en réalité, la plupart des gens empruntent de l'argent, du moins à certaines étapes de leur vie, et l'emprunt n'est pas une mauvaise chose en soi. C'est la manière d'emprunter et la façon de gérer ses emprunts qui fait toute la différence.

Michael Adams, un éminent chercheur sur les valeurs de la communauté canadienne, affirme dans son ouvrage *Better Happy Than Rich?* : « Le tabou sur l'argent demeure : au moins un cinquième des Canadiens admettent qu'ils seraient embêtés si leurs amis savaient combien ils gagnent, et un quart en seraient embêtés si leurs collègues de travail le savaient ». Adams indique que les valeurs sociales et les comportements d'ordre financier sont intimement reliés. Par l'observation des changements dans nos valeurs et nos comportements, nous pourrions donc mieux comprendre ce qui motive nos agissements, ce qui explique nos sentiments, et ce que nous pourrions faire pour devenir de meilleurs emprunteurs.

Jetons maintenant un coup d'œil sur nos valeurs et voyons en quoi elles influent sur notre approche face à l'emprunt et à l'achat d'une maison. En premier lieu, nous regarderons le contexte entourant les années d'après-guerre, vers la fin des années 1940 et le début des années 1950. Les Canadiens valorisaient alors l'austérité. Ils travaillaient dur en vue d'épargner pour leur maison. Les membres de la communauté appuyaient les jeunes mariés pour les aider à s'installer dans leur première maison et les gens vivaient avec l'espoir de pouvoir se permettre l'achat d'un poste de radio pour leur salon. L'idée d'être propriétaire d'une maison était relativement nouvelle en Amérique du Nord et était rendue possible grâce à une plus grande facilité d'accès à la propriété et au dur labeur des gens.

À cette époque, les prêts hypothécaires étaient le plus souvent accordés par des sociétés de financement, dont quelques-unes existent encore aujourd'hui. Au Canada, c'est en 1958 que la Banque Scotia a offert pour la première fois des prêts personnels. Ce n'est qu'en 1967 que la *Loi sur les Banques* permit aux banques de devenir véritablement concurrentielles sur le marché des prêts hypothécaires. L'idée qu'« une hypothèque est une hypothèque » remonte sans doute à cette époque, alors qu'un seul type de prêt hypothécaire était véritablement offert : à long terme, à taux fixe, avec des modalités de paiements fixes, que vous empruntiez d'une société de financement ou de vos parents. Il n'y avait habituellement qu'un seul pourvoyeur par famille et les attentes étaient donc fixées en conséquence. La Grande Dépression était suffisamment récente pour que le souvenir de la misère économique, allié à la détérioration du tissu social, incite les gens à travailler dur pour accumuler suffisamment d'argent avant d'acheter quoi que ce soit. C'était l'apogée des longues attentes avant l'assouvissement des désirs.

Mais les temps ont bien changé. Nous vivons maintenant dans une société de consommation. Bien que les vieux principes dominent nos pensées, ils sont généralement mis de côté face à l'attrait d'un objet convoité. Nous achetons, puis l'anxiété s'installe et nous espérons trouver une solution pour éventuellement repayer le tout. Le directeur de l'une de nos succursales nous racontait récemment l'histoire d'un couple qui venait d'acheter la maison de ses rêves dans une grande ville de l'Ontario. Quelques mois plus tard, tous deux se retrouvèrent en larmes dans son bureau, se sentant coincés par leur prêt hypothécaire. Au lieu de se réjouir d'avoir acquis leur nouvelle maison, ils étaient maintenant inquiets suite aux doutes exprimés par les membres de leur famille. Après une discussion au sujet des bons et des mauvais emprunts et après une analyse sur l'état de leurs ressources financières, ils en vinrent à réaliser qu'ils étaient loin de vivre au-dessus de leurs moyens et qu'ils réussissaient même à mettre de l'argent de côté. Ils quittèrent avec le sourire, ayant retrouvé confiance en eux.

Nos attitudes face à l'emprunt ont beaucoup changé depuis l'époque de nos grands-parents et de nos parents. Les générations précédentes de Canadiens soutenaient qu'il fallait épargner et ne payer ses achats qu'en argent comptant. Dans une récente étude de marché, des consommateurs indiquent à quel point leurs parents valorisaient l'austérité et leur recommandaient d'être patients en leur disant « qu'ils auraient ce qu'ils voulaient, en temps voulu ». Les « baby-boomers » n'entendaient toutefois pas faire preuve d'autant de patience avant d'assouvir leurs désirs. On entend souvent des commentaires comme « Pourquoi pas? On n'a qu'une vie à vivre! » ou « Tout le monde utilise le crédit. Cela fait partie de la vie. » Pourtant, bien qu'il y ait eu des changements dans nos attentes et nos attitudes face à l'emprunt, les anciennes valeurs, encore bien présentes, continuent à nous tourmenter.

Qu'est-ce qui explique un changement aussi profond de nos valeurs au cours des générations? Ou plutôt, ces valeurs fondamentales ont-elles vraiment changé? En fait, ce sont avant tout nos *aspirations* qui ont évolué, de même que nos expériences et nos attentes. La télévision a fortement contribué à nous informer sur les différents progrès technologiques, nous incitant ainsi à vouloir nous procurer encore plus de commodités; les téléphones cellulaires, plus petits mais toujours plus multifonctionnels, en sont un excellent exemple. Nos valeurs, elles, ont peu évolué sur les questions relatives à l'emprunt; plus des trois quarts des Canadiens estiment qu'il est très important de rembourser ses dettes. Nous vivons donc au milieu d'un paradoxe où nos valeurs se retrouvent en nette opposition avec nos expériences et nos attentes.

Nos aspirations ont graduellement changé au fil du temps. De l'idée « je veux plus pour mes enfants » très présente à la période d'après-guerre, on est passé à l'idée de « liberté personnelle » dans les années 1970. Dans les années 1980, les « boomers » préconisaient le « plus pour moi ». Lorsque les femmes ont commencé à accéder davantage à des postes supérieurs au travail – ce qui remonte à un peu plus d'une vingtaine d'années – on a vu apparaître les notions d'« équilibre » et de « simplification ». Plus tard, une nouvelle tendance axée sur « l'appréciation de ce qu'on a » et le besoin de se sentir « bien et en sécurité » s'est accentuée. Le changement dans notre vécu a fortement contribué à changer nos rêves et nos buts. Dans l'ensemble, les Canadiens accordent une grande importance aux valeurs non matérielles, telles la santé et les relations personnelles.

Voyons maintenant d'un peu plus près l'évolution du rôle des femmes dans notre culture et l'impact de cette évolution sur nos attentes et notre façon d'emprunter. Bien que les femmes aient effectivement toujours travaillé, à la maison ou à l'extérieur, ce n'est que dans le dernier quart du vingtième siècle que le revenu gagné par la femme en est venu à faire véritablement partie des sommes consacrées au ménage. Il s'agit là d'un point déterminant, les sommes autrefois « mises de côté pour les vacances » faisant maintenant partie du revenu principal devant servir aux besoins du ménage et de la famille. Conséquemment, les attentes face aux besoins du ménage se sont amplifiées, de même les exigences par rapport aux commodités nécessaires.

Avec le nombre grandissant de familles à deux revenus, l'habitation unifamiliale est devenue plus abordable. De plus, tous sont attirés par les appareils électroménagers les plus récents et les plus performants. Malgré la présence de deux revenus, nous devons néanmoins emprunter pour nous procurer ces commodités, ainsi que la maison que nous voulons, en plus des deux voitures, sans mentionner les sommes nécessaires pour assurer une bonne éducation à nos enfants. La qualité de vie est la priorité et, contrairement à nos grands-parents, nous sommes prêts à emprunter pour y accéder. Comme le *temps* est la seule chose dont on ne dispose pas à profusion au sein des ménages modernes, plusieurs prétendent que nous sommes, en quelque sorte, forcés à acheter des commodités pour améliorer notre qualité de vie.

Un autre changement majeur fut l'assaut des « fournisseurs de services », fins prêts et plus que désireux de nous faire emprunter pour nous aider à atteindre nos objectifs. La concurrence entre prêteurs ne se passe plus uniquement sur l'artère principale ou aux quatre coins de la ville, mais aussi dans notre boîte aux lettres. On peut maintenant aussi emprunter sur Internet par le biais de demande en ligne ou encore d'offre préautorisée, et il ne reste plus qu'à se rendre au guichet automatique de la banque pour accéder à l'argent. Tout ceci s'ajoute au « 0 » dépôt et « 0 % » d'intérêt sur les articles d'importance, tels les voitures et les gros appareils électroménagers. Avec un crédit aussi accessible, beaucoup plus de possibilités s'offrent à nous. Nous avons passé des besoins aux désirs et du confort au luxe.

Le changement de la dynamique familiale a entraîné une demande croissante pour de nouveaux types d'habitation. La grande maison avec le grand jardin n'est plus ce que tout le monde recherche. De plus en plus de ménages ne sont composés que d'une ou deux personnes : jeunes couples, couples du même sexe, famille monoparentale avec un seul enfant. Peu importe la situation familiale, nous semblons tous avoir des attentes se situant nettement au-delà de ce que nos grands-parents auraient pu imaginer; nous sommes bien loin de cette époque où nous nous réunissions dans le salon autour du poste de radio ou devant le téléviseur noir et blanc. Maintenant, il y a le téléviseur plasma à écran plat, l'accès au câble par le biais d'Internet, de même que l'accès à Internet par le téléviseur. Avec tous les gadgets qui s'offrent à nous, nous devons, pour la plupart, emprunter pour acheter ce que nous voulons.

Après avoir emprunté plus ou moins à l'aveuglette, nous nous sentons coincés. Catherine notre directrice de compte dans une agence de publicité à Vancouver, nous confie : « Je sais que je devrais payer le solde de mes cartes de crédit, mais… » Cette sensation d'être coincé n'apparaît pas consciemment. C'est un processus graduel (un prêt étudiant d'un côté, une carte de crédit d'un grand magasin de l'autre). Vous pourriez, par exemple, avoir choisi un plan de paiements répartis sur vingt-cinq ans pour votre prêt hypothécaire, avoir ensuite accepté une offre préautorisée pour une carte de crédit reçue par la poste, dont le taux d'intérêt de 3,9 %, à l'origine, est maintenant rendu à 17,99 %. Vous avez utilisé cette carte, puis en avez reçu une autre. Vous n'aviez pas prévu acheter une voiture si coûteuse (c'est tout simplement que vous l'aimiez et que vous aviez le crédit nécessaire). Nous empruntons pour répondre à nos aspirations, mais nos valeurs et nos problèmes de liquidités nous empêchent de vivre pleinement la joie que nous devrions éprouver en réalisant nos rêves.

Époque/ Attentes	Valeurs/ Attitudes	Expérience collective	Possibilités de crédit	Comportement
1940	« La communauté nous aidera pour commencer »	Radio	Marchand offrant du crédit pour la vente au détail	Nous épargnons
1950 « plus pour mes enfants »	« J'ai échoué si j'ai des dettes »	Téléviseur noir et blanc	Sociétés de financement; Carte Sears; la Banque Scotia offre ses premiers prêts personnels en 1958	Nous achetons ce dont nous avons besoin quand nous en avons les moyens
1960 « besoins vs désirs »	« J'ai besoin d'une maison »	Téléviseur couleur	Les banques font des prêts hypothécaires et lancent la carte de crédit avec Chargex (qui deviendra ensuite Visa)	Nous achetons ce que nous voulons quand nous en avons les moyens
1970 « liberté personnelle »	« J'ai remboursé mon prêt hypothécaire »	Micro-ondes	Les prêts hypothécaires sont généralement pour une durée fermée de cinq ans, avec une seule possibilité de paiement sur une base mensuelle	Nous empruntons
1980 « plus pour moi »	« Je dois maintenir le rythme »	BMW Piscine	1986. Lancement du réseau national des guichets automatiques bancaires Les banques se font concurrence sur le marché des prêts hypothécaires	Nous dépensons
1990 plus de femmes sur le marché du travail « pragmatique » « équilibre »	« J'ai réussi si j'ai une ligne de crédit et que je l'utilise pour des investisse-ments judicieux »	Ordinateur	La technologie permet les demandes en ligne Marketing de masse pour les lignes de crédit personnelles	Nous investissons
2000 « simpli-fication et appréciation » « bien et en sécurité »	« J'ai réussi si j'utilise ma ligne de crédit pour le confort et le luxe »	Téléviseur plasma à écran plat Internet haute vitesse Appareil photo numérique	La technologie permet les préautorisations Prêt hypothécaire ouvert à taux variables	Nous achetons davantage

Chapitre 3

L'inquiétude des consommateurs face à l'endettement

Maintenant que nous comprenons un peu mieux les valeurs et les attitudes qui guident nos agissements, intéressons-nous à la nature exacte des gestes que nous posons et demandons-nous si le fait d'être endetté devrait être une source d'inquiétude. Nous faisons, sans contredit, partie d'une société d'emprunteurs. Ceci étant dit, nous ne sommes pas pour autant des clones, agissant systématiquement selon les mêmes valeurs et les mêmes désirs. Pourtant, au moment d'emprunter, les Canadiens, peu importe l'âge, le lieu de résidence, le sexe et l'origine ethnique, veulent tous la même chose : de la flexibilité dans les modalités de paiement, la possibilité d'obtenir du crédit au besoin, et une démarche de demande simple et directe avec approbation rapide. Nous voulons aussi être persuadés que la forme de crédit que nous avons choisie est la bonne, compte tenu de nos besoins, et que nous pourrons en respecter les obligations de façon responsable.

Notre préoccupation face à l'endettement

Vous connaissez sans doute quelqu'un dans votre entourage – et c'est peut-être aussi votre cas – pour qui les dettes sont devenues un véritable fardeau, condamné à tenter de trouver comment payer qui et quoi avec ses chèques de paie. De telles situations devraient normalement nous préoccuper, mais nous ne le sommes pas autant que nous pourrions le croire. Le sondage Ipsos Reid de la banque Scotia sur le crédit à la consommation, mené en novembre 2003, révèle que plus des trois quarts des Canadiens se disent à l'aise avec leur niveau d'endettement actuel. *Devrait-on* pourtant s'inquiéter? En fait, oui et non.

Reportons-nous aux deux graphiques de la page suivante. Nous pouvons voir que le versement mensuel est pratiquement le même pour un prêt hypothécaire de 100 000 $ à un taux d'intérêt de 14 % en 1990, et un prêt hypothécaire de plus de 200 000 $, à un taux actuel de 5 % dans les deux cas, le montant du versement mensuel, amorti sur une période de 25 ans, serait essentiellement le même soit 1175 $. En raison des taux d'intérêt très bas, les Canadiens ont donc été, plus que jamais, en mesure d'emprunter.

La moyenne d'endettement par ménage

Au Canada, la moyenne d'endettement d'un ménage se situe à plus de 65 000 $. Le calcul comprend les prêts hypothécaires, les cartes de crédit, les prêts-autos et les prêts-étudiants. Ceux qui ont de plus gros prêts hypothécaires pourront penser que ce montant se situe bien au-dessous du niveau réel. Mais on doit se rappeler qu'il s'agit là d'une *moyenne*. Si l'on tient compte que 60 % des ménages canadiens n'ont même pas de prêt hypothécaire et que beaucoup d'autres auront bientôt complètement remboursé le leur, une moyenne de 65 000 $ apparaît même alors un peu élevée. De plus, cette moyenne évolue à la hausse au cours des ans et elle apparaît d'autant plus élevée lorsqu'on regarde le revenu moyen des ménages. Mais les moyennes ne révèlent pas tout; elles ne peuvent pas nous éclairer sur la situation particulière de chaque ménage.

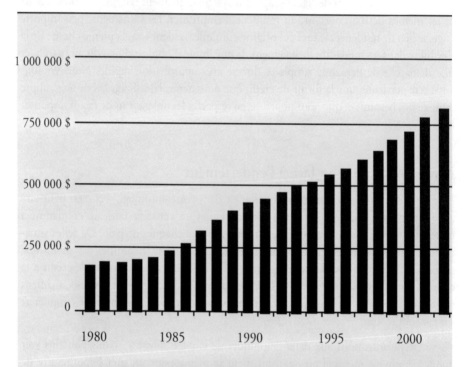

Ce graphique d'endettement des ménages canadiens illustre le niveau d'endettement total des consommateurs canadiens depuis 1980. L'accroissement de la population et la plus grande facilité d'emprunt ont entraîné une hausse de l'endettement. On note aussi que la croissance globale des emprunts a dépassé celle des revenus.

Ratios d'endettement des ménages et du service de la dette

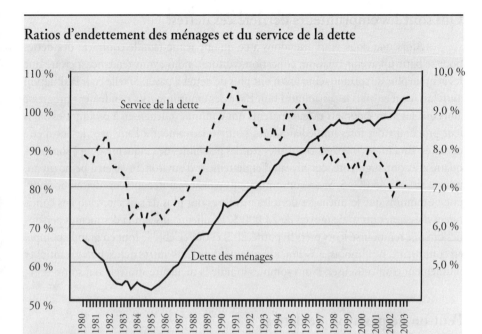

En réalité, l'endettement des ménages canadiens, exprimé sous forme de pourcentage du revenu disponible, a dépassé les 100 %. Terrifiant? Non, compte tenu des circonstances. En regardant ce graphique, on constate que si le niveau d'endettement par rapport au revenu disponible est plus élevé que jamais, les faibles taux d'intérêt maintiennent les coûts d'emprunt à un niveau beaucoup plus bas que ceux qu'on a connu au cours des vingt dernières années.

Les attitudes face à l'emprunt

Les attitudes face à l'emprunt varient, dans une certaine mesure, en fonction de l'étape où une personne est rendue dans sa vie et de l'ampleur des dettes qu'elle doit assumer. Les jeunes ménages constitués par des gens de moins de trente-cinq ans, font le bilan de leurs dettes plus fréquemment que les ménages constitués par des personnes plus âgées. Cependant, les gens de moins de trente-cinq ans ont un grand nombre de dettes à gérer; ils assument environ le tiers de la dette totale à la consommation au Canada et, comme de plus en plus de jeunes deviennent propriétaires, leur niveau d'endettement est en progression. Les ménages qui font le plus appel au crédit sont ceux qui ont des revenus élevés et qui, par le fait même sont mieux armés pour faire face à la situation. On constate que les emprunts effectués se font davantage par le biais des lignes de crédit personnelles. Les ménages, constitués par des gens de moins de quarante-cinq ans, assument environ les deux tiers de la dette totale à la consommation.

Qui sont les emprunteurs derrière ces dettes?

Alors que nous nous attendons à ce qu'une jeune famille contracte des dettes pour se bâtir un avenir (maison, éducation, voiture), nous avons tendance à croire que les gens de plus de soixante-cinq ans n'ont plus de dettes à payer. Si telle était la situation autrefois, ce n'est plus le cas aujourd'hui. L'âge des emprunteurs a rapidement progressé alors que les baby-boomers et leurs parents ont continué à dépenser, à profiter des biens leur procurant des joies immédiates, à se sentir relativement à l'aise avec le fait d'être endettés. En fait, les ménages constitués par des personnes de cinquante-cinq à soixante-quatre ans, ont augmenté leur niveau d'endettement d'environ 14 % en à peine un an, pour se situer à 43 000 $. Si ces consommateurs paient maintenant leurs dettes, on constate néanmoins que les ménages dont les membres ont plus de soixante-cinq ans continuent d'assumer un solde moyen de 23 000 $. D'ailleurs, il s'agit là des mêmes personnes qui ont remboursé leurs prêts hypothécaires et ont célébré le tout en grande pompe, en continuant, néanmoins, à assumer le paiement de leurs autres dettes non garanties et inutilement trop coûteuses. Nous sommes loin de la meilleure stratégie qui soit.

Peut-on ne pas avoir de dettes?

Certains ménages n'ont aucune dette. Environ un quart des ménages canadiens déclarent n'avoir aucune dette. Certains n'ont pas encore commencé à emprunter, mais la plupart sont plus âgés et ont remboursé tous leurs emprunts. La plupart des gens, peu importe leur situation financière ou leur degré de tolérance face à l'endettement, espèrent ne plus avoir de dettes au début de la cinquantaine. Ceci étant dit, plus les gens vieillissent, plus ils repoussent l'âge qu'ils s'étaient fixé pour rembourser leurs dettes, et plus il leur semble difficile de respecter avec autant de rigueur leur objectif. Peu de gens se sont contentés d'épargner afin de faire leurs achats. En réalité, huit Canadiens sur dix sont d'accord pour dire « qu'ils vivent le moment présent sans se soucier du lendemain » et c'est à l'aide du crédit qu'ils y parviennent.

Les avantages de l'endettement

Les Canadiens connaissent bien les avantages d'avoir du crédit. Nous savons qu'emprunter peut nous permettre d'acheter une maison, une voiture ou encore d'assumer des frais d'études. Le crédit nous permet de faire face aux imprévus et aux urgences. Il peut aussi nous permettre de prendre des vacances. Au cours des années, les études de marché ont démontré que les consommateurs partageaient l'impression que le « crédit » peut procurer la liberté et la confiance nécessaires à la réalisation de certains projets. Les « dettes », elles, impliquent l'idée d'un fardeau qu'il faut gérer et rembourser.

Les bonnes dettes et les mauvaises dettes

Notre perception des bonnes et des mauvaises dettes, dont nous avons parlé précédemment, touche aussi aux modes d'emprunt. Il y a une raison qui motive chaque emprunt et les Canadiens reconnaissent que les motifs d'emprunt peuvent être très nombreux. Un prêt hypothécaire constitue une dette, à n'en pas douter, mais un client nous indiquait ainsi la façon dont il le considérait : « Mon prêt hypothécaire démontre que j'ai acquis de la maturité et que je suis responsable financièrement ». Une autre cliente considérait son prêt hypothécaire comme « une dette judicieuse, car c'est un prêt avec des paiements fixes qui diminuent à chaque année ». Dans les deux cas, il est clair que les prêts hypothécaires constituent de bonnes dettes. Les lignes de crédit sont aussi considérées comme de bonnes dettes, ou, à tout le moins, comme des dettes judicieuses, puisque les taux d'intérêt qui s'y rattachent sont généralement plus bas que ceux rattachés aux autres modes d'emprunt; une ligne de crédit personnelle offre liberté et flexibilité. Les cartes de crédit occupent aussi une place importante, avec une flexibilité d'achat au jour le jour, et des caractéristiques intéressantes, telles une assurance-protection sur achats. Mais maintenir continuellement un solde à payer sur une carte de crédit à taux d'intérêt élevé est clairement considéré comme une mauvaise dette. Parmi les différents modes d'emprunt qui s'offrent à eux, les emprunteurs doivent choisir celui qui leur convient le mieux et qui constitue le meilleur véhicule pour atteindre leurs objectifs.

Tout ceci est très bien mais *devrait-on* s'inquiéter?

Faut-il être inquiet de notre condition, de celle de nos voisins, de celle de notre économie? Nous vous avons déjà indiqué que la situation n'est pas dramatique, compte tenu du milieu dans lequel nous évoluons (reportez-vous au graphique précédent sur les ratios d'endettement des ménages et du service de la dette). La hausse des prix sur le marché immobilier et la diminution des coûts de prêts hypothécaires, résultant en grande partie de la baisse des taux d'intérêt, ont fortement contribué à la montée en flèche du secteur de l'emprunt. On a également constaté, en raison de baisses sur les marchés boursiers, que nos épargnes ont diminué; ainsi, les Canadiens, au lieu de liquider des placements sous-évalués, ont préféré emprunter. Bien que la cadence de nos emprunts ait outrepassé la croissance de nos revenus, la majeure partie des sommes empruntées a été investie dans nos maisons. Les gens se sont lancés sur le marché immobilier, raflant tout sur leur passage. Le marché de la rénovation a connu une véritable effervescence. Si beaucoup ont choisi d'investir dans la rénovation de leur résidence, d'autres ont pu obtenir, grâce à leur maison, un prêt sur valeur domiciliaire (calculé d'après la valeur nette de la maison) leur permettant de diminuer leurs coûts d'emprunt. Ainsi, l'augmentation de notre niveau d'endettement se rattache largement à de « bonnes dettes » visant à nous rapporter dans l'avenir.

La contradiction entre nos dires et nos gestes

Rembourser ses dettes, vient en tête des objectifs financiers des Canadiens, avec 77 % des adultes interrogés qui disent y accorder beaucoup d'importance. Pourtant, bien que 62 % déclarent que « d'être endettés les effraie », seulement quatre personnes sur dix, affirmant que le remboursement des dettes est un objectif financier important, considèrent pouvoir atteindre cet objectif sous peu.

Alors que nous prétendons vouloir rembourser nos dettes, nous sommes, en réalité, plus endettés que jamais et nous épargnons moins qu'auparavant. Nous savons que les Canadiens ont augmenté leurs dépenses et leur niveau d'endettement pour la simple et bonne raison que les taux d'intérêt n'ont jamais été aussi bas. Mais il y a aussi une raison psychologique qui explique ce phénomène. Plus de Canadiens vivent le moment présent, éprouvant un sentiment de sécurité par rapport à leur emploi. Donc, plusieurs en profitent pour faire le bilan de leur situation et pour évaluer les perspectives d'avenir qui s'offrent à eux. En réalité, les moyens à notre disposition pour faire face à une difficulté imprévue sont plus que limités. La moitié des Canadiens auraient de la difficulté à rembourser leurs dettes si un membre de leur famille perdait son emploi. De plus, une montée des taux d'intérêt pourrait en mettre plusieurs dans l'embarras.

Notre capacité à gérer nos difficultés financières

Plus du quart des Canadiens ne respectent pas leurs échéances de paiement, ce qui représente toutefois une baisse par rapport aux années précédentes. Cependant, on constate une hausse du nombre de Canadiens, plus d'un tiers, qui ont emprunté de l'argent à des amis ou à des membres de leur famille afin de respecter leurs obligations. On note aussi que plus de 10 % des Canadiens réussissent à s'en tirer en vendant certains biens usagés. Il est à souhaiter qu'il ne s'agisse que de la vente de jouets délaissés, de vêtements usés et autres appareils inutiles, choses dont on se débarrasse volontiers lors d'une vente de garage; devoir vendre à un antiquaire le meuble ayant appartenu à son arrière-grand-mère ou devoir mettre en gage des bijoux reçus en héritage est un scénario beaucoup plus triste.

Bien que la plupart des gens veuillent bien rembourser leurs dettes, ils doivent tout de même emprunter pour acheter une maison ou une voiture. Il faut emprunter pour faire face aux désagréables surprises qui, tout comme les tulipes, surgissent au printemps, après la première pluie torrentielle de la saison : sous-sol inondé, toit qui coule ou, pire encore… les deux à la fois. Nous voulons aller de l'avant, mais plus que jamais, nous voulons aussi relaxer et profiter de ce que nous avons. Nous ne voulons pas compromettre notre sécurité financière dans tout ce processus, pourtant le risque est bien présent.

Quand les difficultés prennent de l'ampleur...

Un Canadien sur quatre confirme que son revenu familial actuel est rarement, sinon jamais suffisant pour couvrir les dépenses essentielles, telles le loyer ou les paiements hypothécaires, les services publics, la nourriture et l'habillement. Un Canadien sur dix dit devoir compter sur sa ligne de crédit ou sur un prêt pour payer les factures.

Ces mêmes personnes se refusent souvent à y voir quelque chose d'anormal. « J'ai la situation en main », prétendent-elles. Mais quand on regarde les chiffres de plus près, on voit bien que les gens commencent à être serrés dans leur budget. Si les taux d'intérêt augmentent au cours des prochaines années, nous en ressentirons grandement les effets.

Nous commencerons donc aujourd'hui, alors que tout va bien, par dresser un portrait réaliste de notre situation, en délaissant nos œillères, parfois si pratiques, pour prendre véritablement le contrôle de notre vie, en toute conscience, de manière à réduire le risque d'être un jour victime des circonstances.

CHAPITRE 4

La maison : un emprunt ou un investissement

Tout récemment, un client nous disait qu'il considérait ses versements hypothécaires comme des dépôts mensuels préautorisés dans un régime d'épargne. Il nous a expliqué que son épouse et lui venaient d'acheter une maison de luxe, beaucoup plus grande. À leur retraite, ils vendront la maison, avec un gain de valeur non imposable, et iront vivre dans un petit condominium. Notre client considérait ainsi son prêt hypothécaire comme un investissement, une sorte de régime d'épargne obligée.

Il est certain que ce point de vue permet d'envisager l'achat d'une maison comme un investissement, surtout dans le cas de ceux qui manquent de discipline et qui ont tendance à trop dépenser. Toutefois, ceux qui ont développé un lien sentimental avec leur maison trouveront difficile d'envisager les choses avec autant de détachement. Avant de voir la possibilité d'investir ou d'emprunter grâce à la valeur nette de votre maison, nous tenterons de réfléchir sur la portée significative qu'une maison peut avoir lorsqu'on en est propriétaire.

En prenant conscience des valeurs qui sont si profondément enracinées en nous et qui influencent notre perception de ce que représente la maison, nous pourrons ainsi mieux saisir les raisons qui nous poussent à adopter certaines façons de faire en tant qu'emprunteur et investisseur.

Quand la « maison » devient un « chez-soi »

La maison occupe une place centrale dans notre vie, que nous soyons des investisseurs ou des emprunteurs. Nous verrons comment elle en est arrivée à jouer un rôle aussi essentiel, mais tentons d'abord de définir ce qu'est une *maison*. Selon le *Le Petit Robert*, une maison est « un bâtiment d'habitation ». On peut entrevoir la maison comme une structure dans laquelle vivent des gens, située sur un terrain, peut-être parmi d'autres maisons, un endroit qui répond à notre besoin essentiel d'avoir un abri. On peut aussi penser aux descriptions des petites annonces, telles que « trois chambres à coucher rénovées, grand jardin, foyer, climatisation centrale, cuisine bien équipée... » Tous ceux qui ont déjà été à la recherche d'une maison savent que les possibilités sont infinies. La maison peut être une habitation unifamiliale individuelle ou une habitation rattachée à d'autres, telle qu'une maison en rangée. La plupart des gens croient qu'une maison, par définition, est une habitation qui a son propre toit, sinon, il s'agira d'un condominium, d'un duplex ou d'un appartement dans une coopérative d'habitation.

Regardons maintenant comment la maison peut aussi se définir avec une portée plus sentimentale, comme un véritable *chez-soi*. Vue sous cet angle, la maison peut évoquer diverses images : une famille réunie autour de la table, un petit chiot en train de courir dans le jardin, les lignes dessinées sur le mur au fur et à mesure que les enfants grandissent, ou encore l'odeur du pain à l'ail tout frais sorti du four. Que l'on pense à une maison de ferme centenaire, à la campagne où vécurent plusieurs générations d'une même famille, ou encore à un loft aménagé dans un ancien entrepôt du quartier industriel d'une grande ville, on parle plus que d'un lieu d'habitation, on parle d'un chez-soi.

On pourrait donc associer l'idée de maison à un lieu d'habitation, mais aussi à un endroit où l'on se sent chez soi. La maison est un lieu où l'on est à l'abri des regards indiscrets et des pressions extérieures. La maison est le lieu où l'on se retire en cas de menace. Après les événements du World Trade Center, plusieurs d'entre nous ont senti l'urgence de rentrer chez eux et d'être auprès de leur famille. La maison est le lieu privilégié pour donner et recevoir l'amour de ses proches, qu'il s'agisse des enfants, des conjoints ou encore des parents. C'est aussi à la maison qu'on peut s'exprimer dans sa langue maternelle, même s'il s'agit d'une langue étrangère au moment de franchir le seuil de sa porte. Comme un collègue l'a si bien défini : « Quand je dis que je rentre à la maison, ça signifie plus que de rentrer dans un lieu; j'éprouve un sentiment de bien-être particulier lorsque je rentre chez moi après une absence de quelques jours, même si je me suis bien amusé pendant que j'étais à l'extérieur. » Lorsqu'on se retrouve dans son quartier, on sait pratiquement par cœur où est situé quoi et, évidemment, le point de repère le plus sûr est *sa maison*.

La maison est aussi le reflet de ceux qui l'habitent. En plus d'être le lieu de rassemblements familiaux, la maison est aménagée de façon à répondre aux besoins des différentes personnes qui y vivent. C'est à la maison qu'on peut démontrer sa fierté de propriétaire. C'est là qu'on arrive à se définir, entouré de la famille et des amis, loin des curieux et des jugements extérieurs. Néanmoins, vous avez sûrement déjà entendu dire ou peut-être l'avez-vous dit vous-même : « Qu'est-ce que les voisins vont dire?! » Il est vrai que la vie privée a ses limites! (Le mot « maison » ne comporte pas la notion de propriété dans sa définition bien que le fait d'être propriétaire joue un rôle important.)

Un peu d'histoire

Trevor Watkins, dans son ouvrage *World Archaeology* (1990), nous instruit sur les premiers temps où les humains ont commencé à concevoir des structures de maisons. Il décrit une rangée de maisons souterraines, datant entre 8250 et 7900 av. J.-C., et il constate des signes d'efforts pour construire, entretenir, démolir et reconstruire ces abris. Des détails obtenus grâce aux fouilles de ce site dans le nord de l'Irak permettent de croire que les humains percevaient déjà la maison comme un chez-soi, ayant la portée significative de la notion sociale de propriété.

La notion de propriété en matière d'habitation a évolué au cours du Moyen-Âge avec l'apparition de nouvelles structures de maisons. Witold Rybczynski remarque dans son livre *Home : A History of an Idea*, écrit en 1986, que les maisons étaient habitées par des membres de la bourgeoisie, tels les marchands et les commerçants de l'Europe médiévale. Les gens de l'aristocratie, eux, vivaient dans des châteaux fortifiés, les ecclésiastiques vivaient dans les monastères et les serfs vivaient dans des masures. Les bourgeois habitaient dans les maisons en rangée du quatorzième siècle qui étaient aménagées de façon à pouvoir combiner vie familiale et travail. Il s'agissait de lieux très modestes, peu meublés mais pratiques. Rybczynski note que l'évolution dans les conditions de vie des familles s'est reflétée dans l'aménagement des maisons. Comme les enfants restaient davantage au foyer (plutôt que d'aller travailler ou faire l'apprentissage du commerce), l'espace et le caractère privé devinrent de nouveaux facteurs dont il fallait tenir compte dans la conception des maisons.

Puis s'annonça la fin du régime féodal européen, au sein duquel la notion de propriété était très importante. Toutefois, les raisons expliquant le nombre grandissant de propriétaires étaient surtout l'objet de débats intellectuels : Était-ce un besoin humain fondamental de contrôler son propre environnement ou le résultat de l'abondance des terres disponibles dans les premiers temps du Nouveau Monde? Nous n'avons pas la documentation nécessaire pour connaître les réelles motivations de l'époque et nous devons nous contenter d'hypothèses. Ceci dit, l'histoire de la propriété au Canada, que l'on remonte à deux cents ans ou à la semaine dernière, nous révèle clairement que les immigrants sont venus s'installer pour des raisons de liberté religieuse et politique ainsi que pour l'accès à la prospérité. La démocratisation de la propriété immobilière en Amérique du Nord a joué un rôle important dans cet accès à la prospérité.

On pourrait conclure que la maison occupe plusieurs fonctions, dont celles d'assurer un abri, du confort et de la sécurité à tous ceux qui y vivent. La maison permet d'affirmer son identité et sa liberté. Maintenant, voyons comment la maison peut s'avérer un investissement.

La maison en tant qu'investissement

L'achat de votre première maison est l'un des plus importants investissements que vous aurez à faire dans votre vie. Il ne s'agit peut-être pas d'un certificat de placement garanti (CPG) ou d'un fonds commun de placement, mais cet investissement a pour grande particularité que vous pouvez y habiter. Il est avantageux sur le plan fiscal et il peut même générer des rentrées de fonds. Finalement, investir dans une propriété vous donne des options. La valeur nette que vous accumulez sur votre maison peut servir à consolider un emprunt afin de financer d'autres rêves à des taux d'intérêt relativement bas.

Nadine et Thomas, un couple au milieu de la quarantaine, ont accumulé plus de 100 000 $ en valeur nette sur leur maison située en ville. Ils espéraient pouvoir prendre leur retraite dans dix ans et aller vivre à la campagne. Ils songeaient s'acheter une maison de campagne au bord d'un lac pour y habiter à l'année par la suite, mais ils étaient très inquiets à l'idée de s'endetter davantage. Ils avaient des REER plutôt modestes et désiraient rembourser entièrement le prêt hypothécaire de leur résidence principale avant de prendre leur retraite. Ils frémissaient à la pensée de contracter une nouvelle dette pour financer la résidence secondaire de leurs rêves. Ils ont pensé refinancer le prêt hypothécaire de leur maison, mais ils ont calculé que la dette additionnelle les obligerait à retarder de cinq ans leur retraite. Étrangement, ils étaient moins inquiets à l'idée de retarder leur retraite que d'avoir un prêt hypothécaire échelonné à plus long terme. Lors d'une discussion avec un agent de services bancaires personnels de leur succursale, ce dernier leur a demandé : Si votre maison était un CPG servant à garantir une ligne de crédit, vous sentiriez-vous autrement à l'idée d'aller de l'avant avec votre projet de maison de campagne? Ils ont reconnu que ce serait bien différent; ils se sentiraient beaucoup mieux si l'investissement était un CPG – mais ils n'avaient jamais considéré leur maison comme un investissement. Un de leurs enfants, maintenant d'âge adulte, a fait remarquer que Nadine et Thomas aimaient tous deux les postes qu'ils occupaient et que le fait de travailler encore quelques années pourrait leur permettre de profiter tout de suite de cette maison de campagne durant les week-ends, jusqu'à ce que le temps de la retraite arrive. Nadine et Thomas ont décidé d'utiliser la valeur nette de leur maison pour réaliser leur rêve encore plus tôt. Ils ont maintenant une belle maison de campagne où ils se rendent surtout durant l'été, mais ils planifient y vivre à l'année. Ils envisagent même de ne pas être obligés de retarder leur retraite s'ils effectuent quelques rénovations mineures au sous-sol de leur résidence principale afin de pouvoir le louer, bien que l'attachement sentimental qu'ils ont pour leur maison risque de rendre la décision quelque peu difficile à prendre. Mais, à tout le moins, l'option leur est possible.

Lorsque vous regardez votre maison à titre d'investissement, vous devez penser à long terme. La plupart des gens réalisent le gain en valeur de leur investissement une fois qu'ils sont déjà à la retraite. La durée moyenne d'occupation d'une maison par les propriétaires augmente, surtout parce que les gens sont devenus propriétaires plus tôt que ce n'était le cas auparavant. On note moins de mobilité chez les propriétaires que chez les locataires. Il faut toutefois penser que la mobilité des locataires peut s'expliquer par le fait qu'une grande partie d'entre eux sont des jeunes, plus flexibles et encore incertains de leurs préférences dans la vie, tandis que les propriétaires sont plus enclins à établir leurs racines dans la communauté. La plupart d'entre nous désirent trouver une maison qui réponde à nos besoins ainsi qu'à ceux de nos enfants et ce, pour longtemps.

Si, de votre côté, vous pouvez envisager une maison comme un investissement parce qu'elle vous procure un abri, de la sécurité et qu'elle offre à vos enfants la chance d'être élevés dans un bon quartier à proximité d'une bonne école, d'autre personnes, avec une perspective un peu plus objective, perçoivent aussi leur maison comme un investissement.

Les agents immobiliers

Nous ne discuterons pas pour l'instant du rôle des agents immobiliers dans le processus d'achat et de vente. Nous aborderons cette question plus tard. Nous mettrons plutôt l'accent, ici, sur l'influence qu'un agent immobilier peut avoir sur la valeur de votre maison, c'est-à-dire le prix – que vous achetiez ou vendiez. Comme la commission d'un agent immobilier est un pourcentage du prix de vente, il va sans dire que plus le prix est élevé, plus la commission l'est aussi. Les agents immobiliers peuvent être particulièrement talentueux pour regarder objectivement votre maison et en déterminer la valeur en fonction des conditions de marché locales, y compris l'offre et la demande dans le secteur. Qu'est-ce qui contribue à la valeur d'une maison? En plus du facteur de l'emplacement qui est très important, vous risquez d'avoir une meilleure offre d'achat et de vendre plus rapidement si votre maison est fraîchement peinturée, que la cuisine et les salles de bain sont modernisées et qu'il n'y a pas de grosses réparations à faire. Si cela ne suffit pas, il y a toujours la méthode du « tape à l'œil », utilisée par certains agents, qui consiste à éliminer le désordre, à placer de nouveaux meubles et à décorer la maison avec des œuvres d'art et des fleurs afin de faire bonne impression. L'agent immobilier peut donc vous aider à surmonter votre attachement sentimental pour obtenir de meilleurs résultats.

Les conseillers juridiques

Du point de vue des conseillers juridiques – les avocats et les notaires – être propriétaire d'une maison signifie que vous êtes propriétaire d'un lot, avec titre. Le titre est inscrit au registre foncier du bureau de la publicité des droits, dont l'administration relève de chaque province. Ce registre répertorie les droits de propriété et les charges qui affectent les lots. Une charge englobe toute revendication sur une propriété de toute personne ou organisation autre que le propriétaire. Par exemple, une hypothèque sur une propriété est une charge et le prêteur ou le créancier hypothécaire – le plus souvent une institution bancaire – déclarera son intérêt de propriété.

L'acte de vente, qui représente le droit de propriété légale, vous donne le contrôle sur votre propriété. Toutefois, même la propriété légale a ses limites, et vous devez vous soumettre aux règlements municipaux. Parmi ces contraintes, il y a des restrictions sur l'utilisation de la propriété, la pose de clôtures, le niveau de bruit et la mise au chemin des ordures ménagères. Outre ces restrictions, vous êtes maître de faire ce que vous voulez dans les limites de votre propriété. Le lieu vous appartient. Les autres n'ont pas le droit d'y pénétrer sans votre autorisation. Le créancier hypothécaire ne tient surtout pas à devenir propriétaire de votre maison par une procédure de saisie en réalisation de la garantie hypothécaire (une situation assez rare), donc payez votre prêt hypothécaire, vos taxes et vos factures de services publics en temps prévu et votre titre, qui représente votre propriété légale, vous permettra de profiter de votre maison, sans entraves.

Votre conseiller juridique peut vous informer sur les questions de titres et de protection, mais au Canada, il existe aussi une *assurance-titres* qui vous permet d'assurer votre revendication de la propriété et de protéger votre investissement. Cette assurance peut à la fois vous protéger et protéger votre prêteur hypothécaire quant aux défauts ou aux problèmes de titres. Un arpentage à jour et une recherche de titres au registre foncier de votre circonscription devraient révéler tout défaut ou tout problème de titres, mais comme il arrive que certaines maisons situées dans de vieux quartiers ou en régions rurales n'aient pas de certificat de localisation récent, l'assurance-titres pourra remplacer l'arpentage ou la recherche de titres d'un conseiller juridique. Il s'agit donc d'une solution qui pourrait vous faire épargner temps et argent.

Imaginons, par exemple, qu'il y ait une grande activité sur le marché de l'immobilier et que vous désiriez faire une offre claire et inconditionnelle sur une propriété qui n'aurait pas de certificat de localisation récent. L'assurance-titres s'avèrerait alors une solution rapide qui vous permettrait de présenter une offre sans délais. Faire arpenter peut prendre du temps et coûter au-delà de 1 000 $ – une dépense qui s'ajoute à toutes celles que vous devez faire en période de déménagement! L'assurance-titre est moins coûteuse.

Votre conseiller juridique doit s'assurer que le titre que vous achetez sur la maison est clair, et qu'il n'y ait pas de réclamations sur la propriété – qu'il s'agisse de taxes impayées, de factures de services publics ou d'une hypothèque inscrite par un constructeur ou une autre personne. Le conseiller juridique doit confirmer que la personne qui fait une offre de vente sur la propriété est bel et bien le propriétaire légal, en droit de vendre. L'assurance-titres peut vous permettre de limiter les frais d'un conseiller juridique, car il s'agit d'une police d'assurance qui vous protège contre ces problèmes et elle peut parfois aussi vous protéger en cas de fraude et de falsification de documents.

L'assurance-titres peut faciliter la conclusion de l'acte de vente et vous protéger, vous et vos héritiers, le temps que vous êtes propriétaire. Votre conseiller juridique pourra vous renseigner davantage sur l'assurance-titres. Si vous éprouvez certaines inquiétudes à propos de la propriété, de son utilisation antérieure ou de ses limites, il serait alors sage de demander à votre conseiller juridique d'entreprendre une recherche détaillée. Cependant, dans la plupart des cas, vous pouvez être en paix, car votre assurance-titres vous fournira la protection nécessaire. La plupart des polices vous assureront une protection tant et aussi longtemps que vous serez propriétaire, et certaines polices protégeront même vos héritiers. La prime que vous devez payer pour l'assurance-titres varie d'une région à l'autre, en fonction de la valeur de votre maison et de la nature de la police d'assurance. En général, la prime vous coûtera entre 150 $ et 250 $, habituellement réglable en un paiement unique.

Il se produit de plus en plus de fraudes dans le secteur immobilier, sous forme de piratage d'identité et de faux documents. L'augmentation des fraudes hypothécaires a incité l'Institut canadien des courtiers et des prêteurs hypothécaires (ICCPH) à préparer un livre blanc sur le sujet en 2001. L'institut a mis sur pied une équipe spéciale chargée d'étudier les fraudes hypothécaires. L'ICCPH se concentre particulièrement sur les fraudes qu'elle définit comme « toute tromperie au cours de la durée de l'hypothèque ». Il existe cependant aussi des fraudes qui visent des propriétaires qui n'ont plus d'hypothèque.

Parmi les types de fraudes, on retrouve la transmission d'informations trompeuses à un prêteur en ce qui a trait à certaines caractéristiques de la propriété, de fausses déclarations de la part de l'emprunteur à propos de son emploi ou de son revenu d'emploi ainsi que des déclarations trompeuses sur les intentions d'utilisation de la propriété. Dans ces situations, c'est habituellement le prêteur qui est victime de la fraude. Cependant, le propriétaire libéré de son hypothèque pourrait être victime de fraude s'il y a transfert frauduleux du titre avec un acte de vente contrefait. Habituellement, un propriétaire n'est pas mis au courant du changement de titre. Avec l'acte de vente contrefait, le supposé « nouveau » propriétaire peut alors contracter un prêt hypothécaire sur la propriété, ne pas le rembourser, et mettre le réel propriétaire dans une terrible position, car le « nouveau » prêteur voudra faire une saisie en réalisation de la garantie hypothécaire. Bien que le système judiciaire protège les propriétaires légitimes, l'ensemble des procédures cause beaucoup d'anxiété.

L'assurance-titres s'avère une bonne solution. Tout comme vous prenez une police d'assurance en cas de dommages matériels ou de pertes causées par un vol ou un incendie, une police d'assurance-titres peut vous protéger des fraudes.

Vous pouvez aussi prendre des mesures préventives. Entre autres, déchiquetez les documents que vous recevez par courrier, tels que les factures ou les correspondances, car une personne pourrait facilement les recueillir dans vos ordures ménagères ou votre boîte de recyclage très tôt le matin. Si vous désirez obtenir un prêt hypothécaire, faites affaire avec un prêteur digne de confiance qui s'armera habituellement de bons moyens pour détecter les fraudes.

Les banques

Pour la plupart des Canadiens, la décision d'acheter ou de louer une maison n'est pas simple. Selon la période où nous en sommes dans notre vie, chacune des options aura ses avantages. Si vous louez, vous pouvez changer d'endroit plus facilement. En général, vous n'êtes pas responsable des coûts associés à l'entretien de l'immeuble et vous n'êtes pas non plus responsable des taxes foncières et des autres coûts qu'un propriétaire doit assumer. Mais comme vous le savez maintenant, le fait d'être propriétaire apporte non seulement sécurité et fierté, mais s'avère aussi un investissement qui peut être très avantageux.

On a souvent entendu dire, de la part des banquiers, que le fait de louer consistait à « emprunter la maison ou l'appartement de quelqu'un d'autre ». Vous pouvez utiliser la maison ou l'appartement, mais vous ne possédez pas les lieux. Vous évitez donc d'entreprendre des rénovations, étant donné que vous ne pourrez pas apporter avec vous la bibliothèque encastrée ou la nouvelle cuisine. Toutefois, beaucoup de Canadiens continuent de louer, persuadés qu'ils n'ont pas les moyens d'acheter. Catherine, notre représentante de compte dans une agence de publicité à Vancouver, fait précisément partie de ce groupe. Avec un marché comme celui que l'on connaît à l'heure actuelle, sur lequel on retrouve des habitations plus abordables et des taux d'intérêt plus bas, l'écart entre les coûts associés à la location et ceux, associés à l'achat, n'est pas aussi grand qu'on pourrait le croire. À l'aide du tableau suivant, vous pourrez voir la différence potentielle entre la location et les frais d'un prêt hypothécaire, qui varieront selon votre versement initial :

Location vs. achat

Si votre loyer mensuel est de :	Vous pouvez vous permettre un prêt hypothécaire (à 6 % pour une période d'amortissement de 25 ans) de :	Ce qui signifie, avec un versement initial de 25 %, une habitation d'une valeur approximative de :
500 $	78 000 $	104 000 $
700 $	109 000 $	145 000 $
1 000 $	156 000 $	208 000 $
1 500 $	234 000 $	312 000 $
2 000 $	313 000 $	417 000 $

On ne peut toutefois pas uniquement comparer les paiements de loyer aux paiements hypothécaires pour prendre une décision bien éclairée. Il s'agit simplement d'un point de départ pour déterminer sa capacité de payer. Le modèle de comparaison des coûts de location et d'achat est beaucoup plus complexe. Il doit tenir compte de l'ensemble des coûts de propriété, dont les taxes foncières, les coûts d'entretien, les frais de services publics, et estimer combien cette somme aurait pu rapporter en l'investissant. Cependant, il faut tenir compte du fait que la somme d'argent allouée pour payer des dépenses reliées à la propriété au cours des années est compensée par la valeur croissante non imposable de l'avoir propre foncier, établie en fonction de la hausse de la valeur sur le marché immobilier. La satisfaction personnelle et la sécurité que procure le fait d'être propriétaire est aussi un élément important. Peu importe les modèles de calcul, dans presque tous les scénarios, vous serez financièrement mieux placé si vous êtes propriétaire pendant 25 ans que si vous êtes locataire pour une même période.

Dans certains cas, plutôt rares, la location pourrait être plus avantageuse que l'achat. Par exemple, ce pourrait être le cas si les taux d'intérêt étaient très élevés et qu'il y avait une diminution de valeur sur le marché immobilier ou encore si les loyers étaient bas – dans des circonstances où les loyers seraient contrôlés – et qu'il y aurait une montée des prix de l'immobilier. Et, bien entendu, si vous planifiez déménager fréquemment, la location serait alors un bon choix. Si vous pensez à long terme, vous ferez fort probablement un meilleur investissement en achetant qu'en louant.

Même si vous croyez atteindre tout juste le même seuil de rentabilité avec votre investissement dans une maison qu'avec un investissement sur le marché boursier, l'un des aspects les plus intéressants dans l'achat d'une maison est de savoir que chacun de vos versements hypothécaires mensuels vous rapproche du moment où vous serez propriétaire, sans plus avoir de versements mensuels à payer. Les loyers ne cessent jamais d'augmenter. L'idée d'être propriétaire devient donc encore plus intéressante si vous tenez compte de votre revenu éventuel lors de la retraite.

Du point de vue de votre banquier, une autre façon de voir votre maison comme un investissement consiste à prendre votre prêt hypothécaire et le mettre dans un REER. Il est vrai qu'un prêt hypothécaire est un prêt, mais il peut aussi être converti en investissement avec l'aide d'un courtier en placements. Dans ce cas, il s'agit de mettre votre prêt hypothécaire dans un REER autogéré. Une fois en vigueur, vous vous versez à vous-même les intérêts de votre prêt hypothécaire. Intéressant, n'est-ce pas? Ce peut l'être. Toutefois, cette option n'est pas donnée à tous. Premièrement, vous devez avoir suffisamment de droits de cotisation dans votre REER pour y placer le solde de votre prêt hypothécaire en entier. En second lieu, les REER autogérés entraînent toujours des frais avec ce type de placement, dont des primes d'assurance hypothécaire et souvent des frais de commission sur prêt que le prêteur réclame en un seul paiement. Comme vous pouvez le voir, la transaction n'est pas simple. Aussi, pour déterminer si cette option vous convient, vous devriez en discuter avec votre conseiller en placements.

Les comptables

Un comptable peut vous aider à tirer le maximum de la valeur de votre maison en se penchant sur la question fiscale. Le premier avantage fiscal d'être propriétaire d'une maison est le gain en capital non imposable au moment de vendre votre résidence principale. Entre temps, il vous est aussi possible de bénéficier de certains avantages fiscaux, entre autres, si vous avez votre bureau à la maison. Si l'on vous verse des loyers, vous devez aussi connaître les répercussions fiscales. Comme les règles peuvent être modifiées, il vaut mieux que vous discutiez de votre situation fiscale personnelle avec un comptable fiscaliste, expert en la matière et en mesure de vous informer des règles en vigueur.

Les économistes

Les économistes étudient le rôle de l'habitation au sein de l'économie, car il faut savoir que l'habitation est un élément majeur favorisant la consommation et l'emploi. On n'a qu'à penser aux différentes personnes dont le gagne-pain est directement relié à l'habitation. Il y a d'abord les promoteurs, les architectes, les constructeurs. Puis, il y a les plombiers, les électriciens, les maçons, les menuisiers. Il y a aussi les planificateurs qui travaillent pour les villes. Comptez maintenant tous les travailleurs impliqués dans l'entretien, puis les fabricants de meubles, les concepteurs et les décorateurs. L'habitation contribue à garder l'économie en santé, et une économie en santé signifie généralement une augmentation de la valeur de votre maison!

Les élus

Des études menées dans divers pays, échelonnées sur plusieurs années, ont permis de constater que les propriétaires de maison votent davantage aux élections que ne le font les locataires. Ces mêmes études démontrent que les propriétaires sont souvent plus impliqués dans les activités de leur communauté. Toutefois, il nous est permis de croire que les locataires sont tout autant préoccupés par les grandes questions d'ordre politique (les soins de la santé, l'éducation, la taxation, la criminalité). Le fait demeure que les politiques gouvernementales, au provincial et au fédéral, favorisent l'accès à la propriété par l'entremise d'avantages fiscaux et la possibilité de retirer, sans pénalités, de l'épargne placée dans un REER pour effectuer le versement initial à l'achat d'une maison. De même, les politiques de contrôle des loyers encouragent les constructeurs à construire des condominiums plutôt que des appartements. Le fait d'être propriétaire est largement perçu comme une force stabilisatrice de l'économie, un plus pour la société; et cette façon de penser est tout en faveur de votre investissement.

Comment profiter de la valeur nette de votre maison

La valeur nette de votre maison augmente de deux façons; d'abord en payant votre prêt hypothécaire, puis grâce à l'augmentation de la valeur de votre propriété. Mais afin de pouvoir bénéficier de la valeur nette non imposable de votre résidence, vous devez la vendre, ce qui ne s'avère pas toujours une option intéressante. Votre maison peut aussi être une source de revenus, sans avoir à la vendre. Prenons l'exemple tout simple de la location de chambres dans sa maison lors d'un événement majeur qui attire beaucoup de personnes dans sa ville. Plusieurs résidents de Vancouver profiteront sans doute de l'occasion lors de la tenue des Olympiques d'hiver 2010.

Il y a aussi beaucoup d'autres avenues. Un de nos collègues rêve de partir quelques mois pour faire le tour du monde en bateau. Il prévoit une forte demande pour la location de son loft au centre-ville. Il se sentirait mieux d'avoir un locataire responsable dans son loft que de le laisser inhabité. Son aventure pourrait ainsi être financée, du moins en partie, par le loyer obtenu. Bien sûr, direz-vous, il est ici question d'un loft au centre-ville, mais moi, j'habite en campagne; qui voudra louer ma maison tandis que je m'envole vers une destination soleil? Peut-être bien une jeune famille qui aime skier et qui est prête à payer quelques milliers de dollars par hiver pour un week-end dans une destination vacances. Une de nos clientes, qui est veuve, possède une belle maison de ferme en pierre, juste au nord de Creemore, en Ontario, et une autre cliente possède une ancienne école en briques rouges dont la cloche est toujours intacte. Il s'agit de deux résidences très différentes : l'une est sur un grand terrain et l'autre sur un petit; la première est énorme et possède beaucoup de chambres idéales pour des adolescents, tandis que l'autre possède uniquement une grande chambre qui pourrait faire penser à un dortoir. Les deux maisons sont des résidences principales que les deux propriétaires louent pour la saison hivernale, tandis qu'elles partent dans des pays chauds. Toutes deux se servent des revenus de loyers pour financer les résidences qu'elles occupent durant l'hiver. Vous devez connaître les risques associés à la location et vous protéger légalement dans l'éventualité où les locataires ne paieraient pas où refuseraient de quitter les lieux à la date entendue. Assurez-vous d'avoir un bail.

Vous n'avez pas nécessairement à quitter votre maison pour avoir un revenu de loyer. Le concept des chambres d'hôtes est en plein essor. Si vous habitez dans une région touristique, ou aux alentours, cette solution est intéressante. Une collègue à la retraite qui habite dans un petit village reconnu pour la pêche, offre des chambres d'hôte dans sa demeure au bord du lac. Les voyageurs bénéficient d'une atmosphère chaleureuse et peuvent se détendre en prenant leur petit-déjeuner sur le patio donnant vue sur un très beau jardin. Le revenu tiré de cette petite entreprise permet de couvrir les taxes foncières sans avoir à piger dans l'épargne-retraite. À Ottawa, nous connaissons un couple charmant qui, une fois les enfants partis, s'est retrouvé avec une grande maison vide. Tous deux ont décidé d'accueillir des gens d'affaires de Toronto et de Montréal qui font régulièrement l'aller-retour. Le couple se sent en bonne compagnie, il bénéficie d'un revenu régulier et offre une solution très abordable et plaisante aux voyageurs d'affaires. Bien que d'offrir des chambres d'hôte représente une certaine somme de travail, vous pouvez en tirer un revenu intéressant si vous gérez habilement votre budget.

Si vous n'êtes pas à l'aise avec l'idée de recevoir des étrangers dans votre maison, mais que vous ayez besoin d'un revenu, il y a d'autres options. Avec *un prêt hypothécaire inversé*, vous pouvez obtenir de l'argent grâce à la valeur nette de votre maison. S'il ne s'agit pas d'une pratique encore très répandue au Canada, plusieurs établissements prêteurs aux États-Unis et au Royaume-Uni offrent ce type de prêt. Au Canada, il existe depuis 1986, le *Programme canadien de revenu résidentiel* (*PCRR*) qui offre des prêts hypothécaires inversés par l'entremise de la plupart des grandes banques.

Un prêt hypothécaire inversé est un prêt sur votre maison qui ne nécessite aucun remboursement pendant que vous habitez la maison. Vous retirez entre 10 % et 40 % de la valeur de votre maison, selon votre âge et la valeur de la propriété. Pour être admissible, vous devez être propriétaire de votre maison, avoir au moins 62 ans et ne pas retirer plus que la somme maximale de 500 000 $. Si votre demande est acceptée, vous pouvez retirer les fonds en espèces. Vous pouvez alors utiliser l'argent comme vous le désirez : vous pouvez l'investir dans un véhicule qui vous rapportera un revenu ou donner l'argent aux membres de votre famille afin qu'ils puissent bénéficier de la valeur de votre propriété durant votre vivant. Vous pouvez aussi utiliser l'argent pour payer des factures qui peuvent être élevées, comme dans le cas des taxes foncières ou de soins à domicile. Il n'en tient qu'à vous de décider comment utiliser cet argent.

Mais pourquoi serait-il mieux de retirer une partie de la valeur nette de la maison plutôt que de retirer des sommes supplémentaires de son FERR (en supposant que vous ayez un REER qui vous permet d'ouvrir un FERR, c'est-à-dire un fonds enregistré de revenu de retraite)? Parce que la somme que vous retirez d'un prêt hypothécaire inversé est non imposable et n'est pas considérée aux yeux de l'Agence du revenu Canada (ARC) comme étant un revenu qui aurait une incidence sur les avantages gouvernementaux accordés aux aînés, tandis que les retraits d'un FERR sont imposables à votre taux marginal d'imposition. Il vaut mieux conserver votre investissement dans le FERR afin d'accumuler un gain non imposable et en retirer le moins possible pour minimiser les coûts d'imposition. En bout de ligne, vous, ou votre succession, rembourserez les fonds retirés par le biais du prêt hypothécaire inversé lorsqu'il y aura vente de la maison.

Vous vous dites sûrement qu'il doit bien y avoir des raisons pour ne pas utiliser un prêt hypothécaire inversé. Vous imaginez peut-être le « prêteur » qui vous expulserait de votre maison en cas d'une baisse de valeur sur le marché immobilier. Vous pouvez vous épargner des soucis si vous avez recours au PCRR, car vous avez l'assurance de demeurer le propriétaire de votre domicile et on ne vous demandera jamais de déménager ou de vendre afin d'obtenir remboursement. Le PCRR s'engage à garantir que le montant de prêt à rembourser « ne peut pas dépasser la juste valeur marchande de votre domicile à la période où il est vendu ». Donc, si vous contractez un prêt hypothécaire inversé, le solde du contenu de votre succession sera protégé et vos héritiers en bénéficieront. Vous devez conserver votre propriété en bon état, payer vos taxes foncières et avoir une assurance-incendie. Comme les intérêts sont accumulés et composés aux six mois, vous ou vos héritiers risquez d'avoir une facture d'intérêt élevée. Mais puisque les taux d'intérêt actuels sont plutôt bas, ce type de prêt demeure intéressant et vous avez toujours l'option de payer les intérêts annuellement de façon à devoir uniquement rembourser le capital au moment de la vente de la propriété. Si vous décidez de payer les intérêts une année, vous n'êtes pas tenu de les payer l'année suivante. Il s'agit d'un programme assez flexible. Gordon Pape, un auteur financier reconnu, appuie l'idée du prêt hypothécaire inversé du PCRR et se dit « impressionné par la valeur du prêt hypothécaire inversé du Programme canadien de revenu résidentiel en tant qu'outil de gestion de l'avoir pour les aînés qui manifestent le désir de continuer à vivre dans leur maison. » Il s'agit certainement d'une option sensée dans les situations où des gens à la retraite ont besoin d'un revenu supplémentaire qui leur soit avantageux sur le plan fiscal. Comme pour toute solution financière, vous devriez en discuter avec votre représentant des services bancaires personnels afin de connaître les options qui répondent le mieux à vos besoins.

Une autre option à envisager au moment venu de la retraite est la rationalisation, c'est-à-dire déménager dans une plus petite maison. Il s'agit bien souvent d'une décision difficile à prendre. Il n'est pas facile de quitter cette maison où vous avez si longtemps vécu, où vous avez élevé votre famille, où vous avez planté tous les bulbes du jardin, où vous connaissez par cœur l'horaire d'autobus. Il existe aussi des villages-retraite qui sont une belle option pour ceux qui aiment la compagnie des gens du même groupe d'âge et qui désirent profiter de certains avantages comme des aménagements mieux adaptés, nécessitant moins ou très peu d'entretien – donc une économie de coûts. Les taxes foncières sont aussi parfois plus basses.

Mais nous allons un peu vite. Si vous êtes au tout début de vos démarches pour devenir propriétaire ou que vous l'êtes depuis peu, vous devez plutôt vous concentrer sur la façon de rembourser votre prêt hypothécaire afin de profiter pleinement de la valeur de votre maison à titre d'investissement. (Les chapitres 7 et 8 traitent aussi des moyens pour rembourser votre prêt hypothécaire.)

Les gens nous demandent souvent : « Est-ce que je fais un meilleur investissement si j'achète en ville ou si j'achète en banlieue? » « Devrais-je choisir un quartier résidentiel ou le centre-ville? » « Dans quel type d'habitation devrais-je investir pour faire le meilleur investissement possible : une grande maison, une petite maison ou un condo? » En bout de ligne, tout dépend de vos besoins. Quels sont vos plans dans la vie? Si vous avez des enfants, ou que vous en désirez, où voulez-vous les élever? Quelles concessions êtes-vous prêt à faire : une grande maison en banlieue avec un grand terrain, mais un plus long trajet pour vous rendre au travail ou encore une plus petite maison avec peu de terrain, mais à proximité de votre travail? Ne tentez pas de prévoir la tendance du marché immobilier. Une maison doit d'abord et avant tout être un lieu où vous désirez vivre et vous sentir chez vous; elle doit correspondre à votre style de vie.

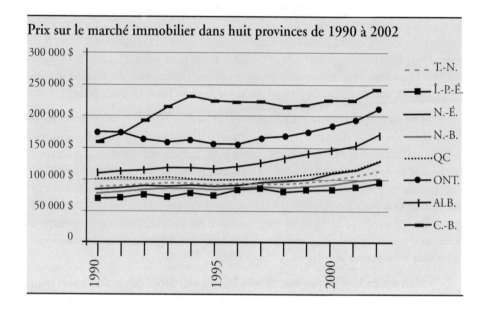

Prix sur le marché immobilier dans huit provinces de 1990 à 2002

Tout investisseur qui a de l'expérience sur le marché boursier sera à même de vous dire qu'il est pratiquement impossible de prévoir ce que le marché nous réserve. Vous devez simplement faire votre investissement, le garder investi et continuer d'investir régulièrement. Si vous regarder un indice boursier sur une période de cinq ans (soit plus de 1 200 jours de négociations), les 10 à 20 meilleurs jours de marché au cours de cette période peuvent représenter des gains énormes, mais personne ne peut réellement prévoir le moment où ces meilleurs jours surviendront. Il en va de même avec votre propriété; personne ne peut prévoir les périodes de sommet sur le marché immobilier. Il est cependant reconnu que l'immobilier représente un investissement solide et stable à long terme. Vous devez donc penser à ce qui vous convient le mieux à long terme.

Il nous apparaît important d'éliminer complètement l'idée qu'« une maison est un mauvais investissement ». Ceux qui tentent de vous en convaincre vous relatent probablement la crise immobilière de 1989, ou vous parlent d'une supposée éminente diminution de popularité des banlieues. En réalité, que vos motivations soient la fierté d'être propriétaire, la sécurité d'avoir un toit pour vous et votre famille ou l'impression de vous verser une sorte d'épargne obligée (plutôt que de payer un loyer qui vous ne reviendra pas), investir dans une maison est, hors de tout doute, une bonne chose à faire!

Chapitre 5

Quelques projections

Qui n'a pas souhaité avoir une boule de cristal pour savoir ce que lui réserve l'avenir? Ce ne serait probablement pas une bonne chose de regarder *trop* loin dans l'avenir. Les choses arrivent si vite, on risquerait de ne pas les voir passer! Cependant, en regardant ce que les Canadiens ont fait au cours des dernières années, on peut avoir une bonne idée de ce qui les attend dans un avenir rapproché.

La popularité des banlieues qui se sont développées en période d'après-guerre, soit dans les années 1950 et 1960, a joué un grand rôle dans la définition de nos attentes en début de ce vingt-et-unième siècle : des résidences unifamiliales, isolées, spacieuses avec de belles pelouses vertes, des arbres à maturité et de jolis parcs à proximité. Ces années d'après-guerre furent marquées par une forte augmentation des naissances – le baby-boom – et les maisons de banlieues étaient l'endroit idéal pour élever ces familles nombreuses. Avec l'apparition de nouveaux appareils électroménagers qui facilitaient l'entretien de la maison, les mères commençaient à avoir un peu de temps libre. Puis, la seconde moitié du vingtième siècle connut un grand changement socioéconomique avec une participation plus importante des femmes sur le marché du travail. Un revenu additionnel permettait à un plus grand nombre de personnes d'entrevoir l'achat d'une maison unifamiliale comme un objectif financièrement possible.

Il faut aussi souligner l'arrivée plus massive d'immigrants au Canada. Les nouveaux immigrants s'installaient généralement dans les grandes villes, où ils s'accommodaient de logements loués jusqu'à ce qu'ils soient en mesure de s'acheter une maison. Dans une récente enquête, menée par la SCHL, s'appuyant sur les données du recensement de 1996, on comptait 77 % de propriétaires parmi les immigrants ayant vécu plus de 20 ans au Canada et 65 % de propriétaires parmi les gens originaires du Canada. Et, de nos jours, les ménages composés par les immigrants établis au Canada occupent davantage de maisons isolées, 62 %, comparativement à 58 % pour les non-immigrants. D'autres sources démontrent que le taux élevé d'immigrants propriétaires est fonction du taux élevé de ménages d'immigrants composés de familles, tandis que les ménages non-immigrants ont un taux plus élevé d'occupants seuls.

La demande pour de nouveaux styles d'habitation axés sur l'aspect pratique (comme les condominiums) a fortement augmenté. De plus, les jeunes acheteurs représentent le segment de croissance le plus marqué sur le marché de l'immobilier. En fait, *près de la moitié des acheteurs de maisons au Canada ont moins de 35 ans et 48 % des maisons achetées le sont par des personnes vivant seules ou à deux.* Bien qu'il y ait une demande pour des habitations plus petites, telles les condominiums, la SCHL rapporte dans les faits saillants de son *Enquête sur les intentions des consommateurs d'acheter ou de rénover un logement* de 2003 que 11 % des ménages, en moyenne, disent avoir l'intention d'acheter une habitation. La grande majorité des ménages qui ont l'intention d'acheter une maison isolée sont composés de deux personnes ou plus : ménages de deux personnes, 68 %, ménages de trois personnes, 75 %, et ménages d'au moins quatre personnes, 82 %. Avec un taux d'immigration qui devrait compenser pour le déclin de la natalité de la population naturelle du pays, l'évolution de la famille et un plus grand accès à la propriété, la demande devrait se maintenir élevée et ce, pour différents types d'habitation de quartier.

L'aménagement des habitations

Que vous soyez intéressé par un loft en ville ou par une grande maison de quatre chambres et une grande cour en banlieue, ou encore par une petite maison à la campagne, tous les styles d'habitation sont de plus en plus conçus en fonction des progrès technologiques. Avec nos horaires bien remplis, nous avons besoin d'appareils qui nous simplifient la vie et la maison est devenue le lieu suprême des appareils électriques et électroniques dits « intelligents ». Sheryl Hamilton, professeure adjointe au département d'Histoire de l'art et des Communications à l'Université McGill de Montréal, a publié un article dans le *Canadian Home Economics Journal,* du printemps 2003, qui traite de la question en s'intéressant à la « maison de demain ».

Dans son article, Sheryl Hamilton traite de l'évolution du rôle des appareils électriques dans les maisons et de leur influence sur nos propres rôles : les femmes demeurent les premières responsables de la gestion des tâches ménagères. Mme Hamilton rapporte des exemples de projections qui ont été faites au cours des cinquante dernières années. Certaines sont plutôt amusantes, dont celle de F. Ross fils, qui prévoyait, en 1958, une « laveuse automatique qui lavera et séchera les vêtements tandis qu'ils sont suspendus dans la garde-robe. » Qui n'aimerait pas en avoir une?! L'article fait aussi état du chemin que nous avons parcouru : ce n'est que dans les années 1960 que les appareils électroménagers comme les lave-vaisselle, les laveuses et les sécheuses ont commencé à faire partie de nos cuisines et de nos salles de lavage; les fours micro-ondes sont apparus dans les années 1970. Bien que nous n'ayons pas encore inventé l'appareil tout en un, l'édition du magazine *House and Home* de septembre 2003 nous fait toutefois part d'inventions assez intéressantes. Il s'agit d'appareils à double fonction dont une laveuse-sécheuse de la compagnie LG. Cette laveuse-sécheuse est conçue de façon à déclencher automatiquement le cycle de séchage une fois le cycle de lavage terminé. L'appareil ne nécessite aucun système de ventilation particulier et se branche dans une prise de courant normale de 120 volts. Et que dire du four réfrigérant qui a pour propriété de pouvoir réchauffer et réfrigérer! En effet, le four Polara de Whirlpool est aussi un réfrigérateur qui peut conserver les aliments au frais pour une durée de 24 heures avant d'entreprendre la cuisson. Il suffit de programmer l'heure de cuisson et l'appareil se met en marche et fait cuire votre souper. Si vous êtes retardé, le four conserve votre repas chaud jusqu'à votre arrivée. Vous avez un empêchement pour le souper? Au bout de deux heures, le cycle de réchauffement s'arrête et le cycle de réfrigération se met en marche. Il existe aussi d'autres appareils pratiques dont la plupart sont munis de puces électroniques qui les rendent « intelligents ». Voilà ce qu'on peut appeler du progrès!

Le progrès ne se limite pas qu'aux appareils électroménagers. Il est incroyable de voir combien les matériaux et les procédés de construction ont évolué au cours des dernières décennies. On n'a qu'à penser aux planchers qui ne nécessitent plus de cirage. Tandis que les maisons ne sont même pas encore toutes équipées d'un réseau permettant d'interelier les ordinateurs et les appareils numériques, on en est déjà à la possibilité d'éliminer tout ce réseau de filage. Vous devez maintenant penser « sans fil ». Si on peut se brancher sur Internet avec un ordinateur qui se tient dans la paume de la main, et qui sert aussi de téléphone, pourquoi faudrait-il désormais faire des trous dans les murs pour du filage?

Les maisons évolueront donc en fonction des modes de vie. Parmi les signes de changement, on peut citer, entre autres, la popularité des aires ouvertes, que ce soit un loft, une « très grande chambre » ou une cuisine à usage multiple. On imagine davantage les enfants faisant leurs devoirs à l'ordinateur dans une zone passante comme la cuisine ou près de la salle familiale plutôt qu'en haut, dans leur chambre, tandis que les parents s'inquiètent à savoir s'ils sont en train de clavarder ou de jouer à des jeux en ligne. On remarque aussi que de nombreux jeunes, en âge de quitter le foyer, choisissent de continuer à vivre dans la résidence familiale et que des parents âgés, qui ont besoin de soins, viennent aussi habiter dans la résidence familiale. Toutes ces circonstances auront un impact sur l'aménagement de la maison et sur son utilisation.

Nous n'en arriverons peut-être pas à une réplique de l'univers de *Star Trek*, mais nous sommes cependant loin des *Pierreafeu*. Nous bénéficions de plus en plus de moyens pour faciliter l'accomplissement des tâches ménagères, nous permettant ainsi d'allouer plus de temps à la famille, au chalet, à des loisirs ou, s'il le faut, au travail. Nous verrons de plus en plus de personnes seules ou de petits ménages devenir propriétaires, et les quartiers seront aménagés de façon telle que nous y retrouverons une plus grande variété de styles d'habitation. Et nos villes continueront de grandir.

Avec cette croissance et une forte demande pour divers styles d'habitation, vous pouvez être optimiste et envisager que votre investissement dans une maison conservera sa valeur. On prévoit que la valeur de revente des maisons en 2004 devrait connaître une hausse moyenne de près de 5 %. Il s'agit d'un assez bon taux de rendement si l'on considère qu'il est non imposable. On retrouve évidemment des variations régionales et locales, et l'emplacement joue un rôle assez important. Les villes de Vancouver, Calgary et

Toronto ont connu une croissance marquée des valeurs sur le marché immobilier et, en s'appuyant sur la plupart des indicateurs, Montréal demeure la plus abordable des grandes villes.

Avez-vous les moyens d'acheter?

Afin de pouvoir déterminer si vous avez les moyens d'acheter une habitation, vous devez tenir compte de trois variables : le prix des habitations, les taux d'intérêt et les taxes. Le prix des habitations au Canada a augmenté d'environ 25 % au cours des dix dernières années, mais il ne s'agissait pas ici d'une hausse constante : si on regarde uniquement en 2002, le prix des habitations au pays a augmenté de 9,5 %. Les moyennes nationales peuvent cependant être quelque peu trompeuses, compte tenu que certaines communautés connaissent une plus grande activité d'achat que d'autres. Tentons donc de préciser les choses : sur une période de dix ans (de 1992 à 2002), en moyenne, le prix des habitations a augmenté d'environ 23 % à Vancouver, 53 % à Calgary, 28 % à Toronto, 39 % à Ottawa et 27 % à Montréal. Ces chiffres ne reflètent cependant pas la réelle augmentation du prix des habitations dans les villes qui ont connu un essor avec la popularité des condominiums. En effet, la croissance de plus petites unités au cours des années passées a dilué la croissance moyenne des valeurs sur le marché immobilier de plusieurs régions urbaines.

Si on établit un rapport entre la valeur moyenne d'une habitation et le revenu du ménage, la capacité d'achat a clairement diminué, étant donné que les prix des maisons sont à la hausse et que les augmentations du revenu personnel sont, en proportion, moins élevées. Toutefois, pour examiner de plus près les taux réels de capacité d'achat d'une propriété, il faut un point de vue qui intègre le prix des habitations, les taux d'intérêt, les taxes et les coûts des services publics. Même en tenant compte de tous ces facteurs, il y a eu une diminution de la capacité d'achat. Cependant, la faiblesse des taux d'intérêt a compensé l'augmentation du prix des habitations, observable dans la plupart des régions du pays.

Si vous attendez une baisse des valeurs sur le marché immobilier pour acheter une maison, vous risquez de perdre votre temps. Bien que les médias aient rapporté une montée fulgurante de la valeur des maisons, il faut toutefois regarder le tableau d'un peu plus près : Combien le propriétaire a-t-il investi en rénovation au cours des cinq dernières années pour refaire la cuisine, la salle de bain, le filage électrique et le jardin? En prenant cela en considération, la maison a-t-elle réellement doublé de valeur? Et ce, du prix d'achat d'il y a dix ans? Peut-être. Mais de l'investissement total, la réponse est sûrement non.

Alors, comment le marché immobilier maintient-il sa valeur? Selon nous, quatre facteurs fondamentaux expliquent ce phénomène :

1. Les coûts à assumer pour un prêt hypothécaire élevé sont plus bas que jamais dans l'histoire.

Plus une maison vaut cher, plus le prêt hypothécaire est élevé. Ceci est supportable en autant que les taux d'intérêt continuent d'osciller à des niveaux aussi bas et que les paiements hypothécaires sur de grandes maisons correspondent aux capacités financières de beaucoup de gens. Dans ce contexte, les revenus réels n'ont pas à augmenter au même rythme que l'augmentation de la valeur des maisons.

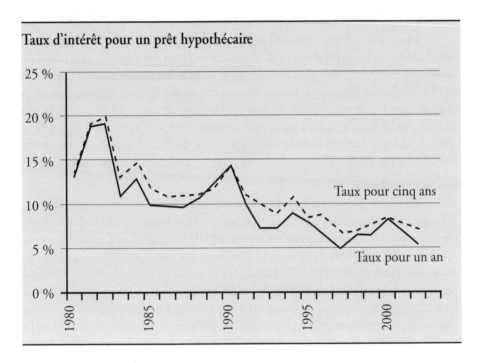

Taux d'intérêt pour un prêt hypothécaire

2. Les coûts de reconstruction justifient les prix actuels.

Vous devez calculer combien il vous en coûterait pour remplacer la maison. Avec l'augmentation des coûts de matériaux et de main-d'œuvre, surtout avec une grande activité sur le marché de la rénovation, les prix des habitations ne semblent pas si exagérés. Comme nous n'entrevoyons pas de taux d'intérêt à deux chiffres pour les prêts hypothécaires ni de sous-emploi dans le domaine de la construction, il est improbable que les coûts de reconstruction diminuent.

3. La demande est élevée en comparaison de l'offre.

Comme plus de personnes passent du statut de locataire à celui de propriétaire, la demande demeure élevée. Cette situation est différente de celle de la fin des années 1980, tandis qu'il y avait une énorme offre pour de nouvelles maisons et que la majeure partie de la demande était constituée d'investisseurs (plus que de propriétaires) qui faisaient de la prospection et spéculaient sur des propriétés. Les demandes spéculatives ont tourné court, réduisant la valeur des propriétés et laissant les propriétaires avec des prêts hypothécaires plus élevés que la valeur de leur maison. Aujourd'hui, l'offre et la demande atteignent un certain équilibre. Il est certain que l'offre et la demande varient en fonction de l'emplacement, mais on peut parler d'équilibre sur la plupart des marchés, avec une demande plus élevée que l'offre.

4. Le taux de croissance réel se maintient.

Un bien dont le gain en valeur ne dépasse pas 10 % par année ne connaît pas une forte hausse; il ne s'agit pas d'une bulle prête à éclater. Pour être plus précis, la valeur des habitations a augmenté à un taux de moins de 5 % par année en moyenne au Canada, de 1959 à 2002. Aux États-Unis, le prix des habitations a augmenté à chaque année au cours de cette même période avec un taux de croissance de 4,8 %, en moyenne. Le plus haut taux de croissance annuel sur le marché immobilier au Canada était de 9,5 % en 2002, tandis que l'ensemble des provinces a connu des hausses de prix sur le marché immobilier. Les valeurs actuelles devraient donc se stabiliser dans certaines régions et continuer d'augmenter dans d'autres.

En fait, on retrouve dans la génération du baby-boom de nombreuses personnes qui ont déjà une maison en ville et qui s'intéressent à des propriétés en campagne pour y passer les fins de semaine. Les chalets, les maisons de campagne, les fermes d'agrément sont toutes des propriétés de loisir qui connaissent une plus forte demande. Mais il n'y a pas que les baby-boomers qui alimentent cette demande. Il y a aussi un bon nombre de personnes à la retraite qui choisissent de vendre leur propriété en ville pour aller s'installer à la campagne. Ils peuvent obtenir un bon prix pour leur propriété en ville, trouver une habitation plus spacieuse en campagne, ne pas avoir à contracter de prêt hypothécaire, conserver une somme d'argent pour leur retraite et payer des taxes généralement moins élevées. Il ne faut donc pas s'attendre à trouver des maisons à bas prix parce qu'elles ne sont pas situées à proximité des villes, surtout s'il s'agit de régions où la demande est élevée.

Évidemment, il y a toujours des imprévus. On ne peut pas promettre que la valeur de votre maison augmentera constamment au cours des prochaines années. Si on se fie aux quatre facteurs dont il fut question précédemment, il est probable que votre propriété maintienne sa valeur, mais dans l'éventualité d'une baisse des valeurs, quel en serait l'impact sur votre propriété? Vous pourriez alors connaître une baisse des taxes foncières si vous habitez dans une région où les taxes sont évaluées en fonction de la valeur marchande des propriétés. Vous pourriez aussi empocher moins d'argent si vous désirez vendre assez rapidement. Mais si vous pensez à long terme et que vous continuer à faire vos paiements, rien ne changera. En définitive, votre propriété retrouvera sa valeur.

Compte tenu des bonnes conditions sur le marché immobilier, soit une demande supérieure à l'offre (étant donné que l'accès à la propriété demeure abordable), on pourrait s'attendre à une hausse des taux d'intérêt. S'il n'y a pas lieu d'anticiper une hausse alarmante, on peut toutefois escompter une hausse qui contribuera à réduire l'accès à la propriété présentement en hausse et, ainsi, engendrer une baisse de mobilité. On peut entrevoir un refroidissement de l'enthousiasme pour les transactions immobilières et le refinancement, donc une réduction de l'offre et de la demande. Avec une hausse des taux d'intérêt, il faut aussi s'attendre à une augmentation des remboursements hypothécaires anticipés ainsi qu'à d'autres formes d'emprunts.

On peut se sentir préoccupé à l'idée d'une augmentation des taux d'intérêt. Chacun doit déterminer sérieusement son seuil de tolérance face aux risques. Si vous bloquez votre prêt hypothécaire pour une durée de cinq ans, quel sera votre seuil de tolérance au bout de cette durée si les taux d'intérêt devaient augmenter? Votre revenu suffira-t-il alors pour vous permettre d'effectuer des paiements plus élevés, ou croyez-vous pouvoir rembourser une partie du prêt hypothécaire afin de conserver des versements abordables, dans votre situation? Il n'y a pas lieu d'envisager un avenir sombre avec des taux d'intérêt dépassant les 20 % (comme ce fut le cas en 1981) et une chute des valeurs sur le marché immobilier. Il serait cependant possible que les taux d'intérêt augmentent de 50 %. Si l'intérêt sur votre prêt hypothécaire est actuellement de 5 %, il serait alors possible qu'il augmente à 7,5 %.

Quelles seraient les répercussions dans votre cas? Prenons l'exemple d'un prêt hypothécaire de 10 000 $ pour une durée d'un an (avec une période d'amortissement de 25 ans), à un taux d'intérêt de 10 % : une hausse de taux de 25 points, ou de 0,25 %, signifierait une augmentation d'à peine 1,69 $ sur votre versement mensuel. Voyons maintenant ce qu'il en serait avec de plus gros chiffres. Dans le cas d'un prêt hypothécaire de 50 000 $ pour une durée de cinq ans, à un taux d'intérêt de 10 %, une hausse de 1 % signifierait une augmentation de 34,02 $ par mois. Si votre prêt hypothécaire est de 75 000 $, avec un amortissement sur 15 ans, à un taux d'intérêt de 5 %, une hausse de 2,5 % signifierait une augmentation mensuelle frôlant les 100 $. Il faudrait donc que vous ayez un très gros prêt hypothécaire et que les taux d'intérêt augmentent beaucoup pour que vous vous retrouviez dans une position impossible à affronter. Si vous évaluez que vous êtes vulnérable, consultez un représentant de services bancaires personnels afin de faire une analyse des coûts.

Reprenons le cas de **Maria et Xavier** afin de voir l'impact d'une hausse du taux d'intérêt dans leur situation. Maria et Xavier ont acheté leur nouvelle maison au prix de 185 000 $, et ils ont effectué un versement initial de 15 000 $. La somme de leur prêt hypothécaire se chiffrait donc à 175 525 $ (y compris la prime d'assurance-prêt hypothécaire de 3,25 %). Ils ont opté pour un prêt fermé d'une durée de cinq ans avec une période d'amortissement de 25 ans à 5,55 % et des versements de 538,25 $ aux deux semaines. Ils en sont à la première année de leur durée. Il est possible que les taux d'intérêt augmentent d'un pour cent au cours des quatre prochaines années. Quel en sera l'impact sur les versements hypothécaires que Maria et Xavier doivent faire?

Si l'on se base sur le solde à rembourser au moment de l'échéance du prêt, soit dans 4 ans, il faudrait une hausse de 2,60 % pour ajouter environ 200 $ au montant de leur paiement mensuel.

La flexibilité des options d'emprunt

On a pu constater plusieurs changements importants dans les styles d'habitation, ainsi que dans la capacité d'achat des consommateurs. Mais les options d'emprunt ont aussi évolué. Voyons ce que les établissements de prêts ont apporté de nouveau en matière de financement hypothécaire au Canada.

Une facilité d'accès à la propriété

Premièrement, on pourra constater une plus grande facilité d'accès à la propriété, tandis que les prêteurs diminueront leurs exigences. En particulier, le montant du versement initial devrait diminuer. Il pourrait même éventuellement y avoir l'option « Aucun versement initial ». Bien que certaines personnes jugent possible, avec les faibles taux d'intérêt, de supporter un prêt hypothécaire, de payer les taxes foncières et les factures des services publics, il leur est toutefois très difficile d'accumuler la mise de fonds nécessaire. En réduisant le versement initial, un plus grand nombre de personnes pourront quitter le statut de locataire pour devenir propriétaire. La prime d'assurance à payer pour ce type d'option sera cependant plus élevée et c'est à vous d'évaluer si vous désirez payer davantage dans l'immédiat afin de devenir propriétaire plus rapidement.

Une nouvelle façon d'établir les prix

Dans la plupart des cas, le prix de votre prêt hypothécaire, si vous optez pour un taux fixe, est déterminé en fonction de certains facteurs, tels la durée du prêt et la somme empruntée. En général, plus les prêts hypothécaires sont élevés et échelonnés sur une longue période (par exemple, une durée cinq ans par rapport à une durée d'un an), meilleurs seront les prix. En contrepartie, les prêts hypothécaires à taux variables qui fluctuent en fonction du taux préférentiel, ont connu une grande popularité dernièrement, car le taux préférentiel est bas.

Un autre développement important est de ne plus avoir à marchander avec le prêteur au sujet du taux d'intérêt sur votre prêt hypothécaire. Un plus grand nombre de prêteurs offrent maintenant des taux d'intérêt avantageux non négociables, surtout dans le cas des longues durées. Les prix sont dorénavant établis d'une façon plus dynamique et permettent aux prêteurs d'offrir de meilleurs taux à plus de gens. Les prêteurs se différencient les uns des autres par leurs offres, comme celle de la Banque Scotia qui offre un prêt hypothécaire avec une remise en espèces (pour couvrir les frais d'acquisition et d'évaluation), des escomptes sur les taux affichés ou des produits uniques. Les progrès technologiques en matière d'automatisation contribueront à une réduction des coûts d'emprunt et à une amélioration du service.

On s'attend aussi à ce que les prix soient davantage basés sur la performance. Cette approche relativement nouvelle, introduite récemment pour les cartes de crédit et les lignes de crédit, consiste, essentiellement, à évaluer votre cote de solvabilité et la régularité de vos paiements pour déterminer le prix. Si vous n'effectuez pas vos paiements en temps prévu, votre taux grimpera afin de compenser le risque de votre prêteur. Cette approche pourrait aussi éventuellement être utilisée pour les prêts hypothécaires, ce qui assurera aux clients ayant de bonnes cotes de solvabilité d'obtenir le meilleur taux possible.

Les services groupés

Dans l'optique de mieux répondre aux besoins des clients, les institutions bancaires offriront davantage des services groupés. Il y a une dizaine d'années, des banques d'Australie ont proposé des comptes qui combinent dépôt et emprunt. La *National Australia Bank* offre un programme combinant les opérations courantes, le prêt hypothécaire ainsi que les services d'épargne et de placements. Si certaines personnes apprécient utiliser un même compte pour emprunter, épargner et investir, les Canadiens, eux, préfèrent généralement mettre leurs épargnes dans un compte à part.

On pourrait aussi parler du programme de la Banque Scotia, le Crédit intégré Scotia, qui est aussi un bon exemple de services groupés. Le Crédit intégré Scotia est un outil qui vous permet de contrôler l'ensemble de votre crédit en regroupant dans une même enveloppe le prêt hypothécaire, la ligne de crédit, la carte Visa, les prêts personnels et la protection contre les découverts. Vous avez aussi la possibilité d'avoir plusieurs comptes hypothécaires ou lignes de crédit. Ce programme intègre uniquement les services de crédit : vos comptes de dépôt et d'épargne sont à part. Avec un tel programme, vous garantissez vos emprunts grâce à la valeur nette de votre maison (ou de votre chalet ou de la propriété que vous louez à d'autres) et pouvez ainsi bénéficier de meilleurs taux d'intérêt. Vous pouvez utiliser la somme épargnée sur les coûts d'emprunt comme bon vous semble : vous pouvez rembourser votre prêt hypothécaire plus rapidement, cotiser davantage à votre REER, rembourser le solde d'une carte de crédit à intérêt élevé ou payer les frais de scolarité de vos enfants. Ce type de programme peut vous aider à mieux atteindre vos objectifs financiers.

Les gens auront probablement davantage recours au crédit renouvelable (plutôt qu'à des prêts à terme), leur évitant d'avoir à répéter les demandes de crédit – qui ne constitue pas un exercice particulièrement agréable – lorsqu'ils en ont besoin au cours de leur vie. L'objectif consiste donc à faire une seule demande qui établira une limite de crédit et permettra d'obtenir un plan de crédit renouvelable auquel il est possible d'accéder en fonction de nos besoins et de nos désirs. Cette tendance au crédit renouvelable reflète nos préférences pour la simplicité, la flexibilité et une disponibilité de crédit à vie.

Il est aussi à prévoir que les amortissements pourront s'échelonner sur une plus longue période. L'amortissement sur 25 ans pour un prêt hypothécaire reflète l'objectif visé pour rembourser l'emprunt, mais son origine s'explique aussi par le fait que les prêteurs évaluaient que « la durée de vie de la propriété » était de 25 ans. Pourtant, nous savons que les maisons sont bien construites et que les gens investissent beaucoup d'argent pour les rénovations. La durée de vie correspond donc en réalité à beaucoup plus que 25 ans. Dans l'éventualité d'une hausse des taux d'intérêt, la possibilité d'échelonner le prêt hypothécaire sur une plus longue période aiderait les jeunes personnes à obtenir des versements raisonnables qu'ils peuvent assumer. Au fur et à mesure que leurs revenus augmenteront, ils pourront majorer leurs versements et écourter la période d'amortissement. Comme les gens préfèrent avoir un crédit renouvelable à vie, garanti par la valeur nette de leur maison, l'idée d'avoir une période d'amortissement plus étendue leur convient tout à fait. Nous n'en sommes pas encore là, mais nous pouvons imaginer dans un avenir rapproché que les gens auront l'option d'échelonner leurs emprunts sur de plus longues périodes.

L'accès aux services

Les Canadiens sont de grands utilisateurs des services bancaires électroniques. Les chiffres, par habitant, nous révèlent que parmi tous les pays du monde, le Canada est celui où l'on retrouve le plus grand nombre d'utilisateurs de services Internet haute vitesse à domicile. Nous avons une longueur d'avance en ce qui a trait à la fonctionnalité des guichets automatiques et des services en ligne. Les consommateurs bénéficient donc de meilleurs moyens pour gérer leurs services financiers. La plupart des gens savent maintenant comment faire des dépôts, des retraits et des vérifications de solde à partir d'un guichet automatique, mais on constate aussi des progrès importants sur le plan des services bancaires en ligne. Si vous avez contracté votre prêt hypothécaire avec une banque, il est possible que vous puissiez vérifier votre solde dans un guichet automatique ou par le truchement d'Internet avec les services bancaires en ligne. Certaines banques offrent même des états de compte à jour pour les clients des services en ligne. De plus, la plupart des banques ont des sites Internet sur lesquels il est possible de remplir une demande de prêt hypothécaire préapprouvé.

En plus de sa fonction de recherches, Internet est devenu un véhicule permettant de réaliser des transactions et d'obtenir des informations grâce à la technologie à large bande qui permet une plus grande interaction. Dans un article de McKinsey Quarterly (2001, no 2), les consultants de McKinsey, faisant la revue des services financiers en Europe, ont fait remarquer que « beaucoup de consommateurs qui ne sont pas ouverts à l'idée d'utiliser des services à bande étroite nécessitant la composition d'un numéro se sentent cependant plus à l'aise avec l'idée des services à large bande, étant donné qu'ils sont simples, rapides et sûrs. » Ils ajoutent aussi que les consommateurs ont besoin de conseils en matière de prêts hypothécaires et qu'ils ne sont pas réceptifs à l'idée d'une interaction en ligne. La plupart des consommateurs qui ont participé à l'étude de McKinsey ont déclaré qu'« ils ne contracteraient pas de prêt hypothécaire sans une rencontre en personne avec le prêteur. » Il semble donc qu'il reste encore du chemin à parcourir.

Si l'on tient compte du fait que les jeunes sont plus à l'aise pour effectuer des transactions sur Internet, et que certaines personnes plus âgées sont assez bien informées, étant donné qu'elles en sont à leur seconde ou troisième maison – donc qu'elles ont eu à renouveler plusieurs fois leur prêt hypothécaire – il est fort probable qu'un nombre grandissant de Canadiens seront attirés par les services en ligne, surtout pour les demandes de prêts et de refinancement.

Sans boule de cristal, les prédictions pour le futur sont uniquement des projections fondées sur les événements passés. Il est certain qu'on verra s'implanter de nouvelles technologies qui contribueront à vous offrir des services financiers toujours mieux pensés. On pourrait voir arriver de nouveaux concurrents sur le marché avec la globalisation des services financiers. Au bout du compte, ce seront les clients qui pourront bénéficier des nombreuses options qui s'offriront à eux.

Chapitre 6

Par où dois-je commencer?

L'histoire nous démontre que la maison occupe, depuis fort longtemps, une place centrale dans la vie des gens. Après tout, il s'agit du refuge où l'on peut mener avec les siens une vie tranquille et personnelle. Or, avant de s'engager dans l'achat d'une maison, il importe de bien se préparer afin de réellement retrouver la paix d'esprit une fois dans sa nouvelle demeure.

Ce qu'il faut savoir avant d'acheter

Acheter une maison est un véritable événement et, pour la plupart d'entre nous, il s'agit de la plus grande transaction financière de notre vie. Vous ne devriez pas hésiter à acheter une maison si l'idée d'être propriétaire vous attire et que vous avez les ressources financières nécessaires. Cependant, vous devriez vous *abstenir* d'en acheter une si vous n'aimez pas rester au même endroit, si votre emploi nécessite de nombreux déplacements ou si vous ne désirez pas supporter les responsabilités d'un propriétaire et le fardeau d'entretenir une maison. Si vous êtes déjà propriétaire d'une maison, pourquoi envisageriez-vous de déménager? Plusieurs raisons pourraient venir justifier ce choix :

- Vous êtes trop éloigné de votre lieu de travail et vous voudriez passer moins de temps sur la route et plus de temps en famille.

- Votre maison actuelle a besoin de rénovations majeures et vous ne désirez pas entreprendre des travaux de cette ampleur ou vous ne croyez pas approprié d'investir davantage dans cette maison.

- Vos besoins quant à l'espace disponible ont changé, par exemple si la famille s'est agrandie.

- Vous voulez vous rapprocher de vos parents plus âgés.

- Vous prenez de l'âge et vous n'avez plus l'énergie pour tondre le gazon ou pelleter la neige.

- Vous en avez assez de votre maison qui a une soixantaine d'années et préféreriez un modèle plus récent.

- Vous en avez assez de vivre dans le bruit et la pollution de la ville et vous rêvez d'un environnement plus calme où l'air est pur.

- Vos enfants d'âge adulte ont quitté le foyer et la maison vous semble maintenant beaucoup trop grande.

– Votre quartier s'est transformé pour faire place à de jeunes familles et vous préféreriez vivre dans un environnement où les gens sont du même groupe d'âge que vous.

Si vous cherchez le bon moment pour acheter votre première maison ou pour déménager dans une maison plus grande ou plus petite, la réponse est bien simple : faites-le dès que vous êtes prêt. Il est certain que vous devrez d'abord vous familiariser davantage avec le sujet, faire quelques calculs pour connaître votre capacité d'emprunt mais, plus que tout, vous devrez réfléchir sur ce que vous désirez réellement. N'oubliez surtout pas que c'est le moment où vous êtes prêt à acheter qui compte et non pas le moment où le marché semble favorable.

Il faut ensuite déterminer la *façon* de procéder. Vous devez faire trois choses :

1. Déterminez ce qui vous apparaît important dans une maison. Tenez-vous à une maison unifamiliale isolée, ou préférez-vous une maison en rangée? Accepteriez-vous de partager une entrée commune ou encore de partager le garage? De tels exemples vous indiquent, en fait, si vous en êtes à vos premiers pas dans le processus d'achat d'une maison ou si vous êtes, au contraire, plutôt familier avec ce genre de questions.

2. Déterminez ce que vous pouvez vous permettre. Plusieurs éléments sont ici à considérer. Nous avons illustré encore une fois le tout à l'aide d'exemples et de tableaux afin de faciliter vos calculs (ils se trouvent à la suite des tableaux portant sur les trois ménages).

3. Planifiez bien la recherche de votre maison. Vous devez vous concentrer sur les maisons susceptibles de vous intéresser et être prêt à faire une offre d'achat dès que vous trouvez la bonne.

Qu'est-ce qui vous apparaît important dans une maison?

Pensez d'abord à l'emplacement. Dans quel secteur désirez-vous habiter? Pensez aussi aux commodités que vous désirez retrouver près de chez vous. Quel trajet êtes-vous prêt à faire, entre votre résidence et les endroits où vous devez vous rendre (travail, médecin, magasins)? Qu'en est-il du bruit causé par les trains, les avions ou les voitures? Vous devriez enfin prêter une attention particulière au voisinage afin d'en évaluer l'impact, positif ou négatif, sur la valeur marchande de la maison. En faisant la liste de vos priorités, vous pouvez vous concentrer plus rapidement sur vos besoins et sur ce que vous voulez.

Catherine

Catherine habite seule et prévoit rester ainsi quelque temps, mais elle aime recevoir ses neveux et nièces à coucher. Pour elle, il est important que l'aire prévue pour regarder la télé, lire ou travailler à l'ordinateur ne soit pas au salon.

– Elle aime le jardinage, bien qu'elle ait peu de temps à y consacrer.

– Préfère un condo avec balcon pour y aménager un petit jardin.

– Veut une vue sur un plan d'eau, une baie ou l'océan.

– Veut être à proximité du centre-ville pour son travail et sa vie sociale.

– A besoin de deux chambres à coucher dont une pouvant être convertie en bureau, salle de télé et chambre d'ami.

– A besoin d'une salle de bains, mais préfère une salle de bains adjacente à la chambre et une salle de toilette.

– Veut de larges fenêtres pour profiter de l'ensoleillement.

– Préfère que le condo fasse partie d'un immeuble dont la qualité de l'administration est bien établie avec des charges mensuelles raisonnables.

Conclusion : Avec les bas taux d'intérêt et la possibilité d'obtenir la mise de fonds-cadeau sur certains prêts hypothécaires, Catherine a décidé de se mettre à la recherche d'un petit condo.

Maria et Xavier

Ils ont arrêté leur choix et ne feront plus de changements pour quelque temps. La maison qu'ils ont achetée leur convient parfaitement. Ils avaient clairement identifié leurs besoins et savaient ce qu'ils voulaient et quand ils se sont mis à la recherche d'une maison, ils ont pu déposer leur offre d'achat dès qu'ils ont trouvé ce qu'ils recherchaient.

– Ont besoin de vivre dans un secteur familial.

– Ont besoin d'une grande cour avec beaucoup de verdure.

– Ont besoin d'habiter près de leurs parents.

– Veulent être près des autoroutes pour que Xavier puisse se rendre au travail.

– Veulent être près des services et des commerces, de façon à ce que les sorties de Maria avec les enfants ne se transforment pas en véritable cauchemar.

– Ont besoin de quatre chambres à coucher (ils en ont cinq).

– Ont besoin de deux salles de bains (ils en ont trois) avec une salle d'eau au rez-de-chaussée.

– Veulent une salle familiale au rez-de-chaussée et une grande cuisine (ils ont les deux).

Conclusion : ils peuvent rester au même endroit quelque temps et ils ont même un peu plus d'espace que nécessaire.

Samira et Frédéric

Même si les enfants ont grandi et volent maintenant de leurs propres ailes, il est surprenant de constater le nombre de fois où quelqu'un se présente à la porte du bercail. Ils ont donc besoin d'espace pour recevoir à coucher leurs petits-enfants d'Ottawa ou pour accueillir la famille pendant les vacances.

Samira aimerait engager un paysagiste et elle en a les moyens. Frédéric aime bien faire des expériences avec des marguerites de couleurs variées, mais passer du temps à enlever les fleurs fanées l'ennuie profondément.

– Veulent une maison avec plus d'espace que leur vieille maison en rangée, avec moins de travaux de réparations.

– Veulent de plus grandes chambres.

– Veulent une petite cour et un espace tout autour pour planter des fleurs ou des arbustes.

– Veulent au moins deux chambres à coucher et un bureau ou trois chambres à coucher.

– Veulent au moins deux salles de bains.

– Veulent une maison en bon état. Ils n'ont ni le temps ni l'habileté pour rénover la maison.

Conclusion : Avec la valeur des maisons sur le marché immobilier à Montréal, ils sont en mesure d'acheter une belle maison spacieuse avec un prêt hypothécaire raisonnable et ils prévoient donc aller de l'avant.

Vous devez garder en tête l'idée que l'emplacement est un facteur très important. Vous pouvez trouver une maison formidable, mais si l'emplacement n'est pas bon, la maison ne vous apparaîtra plus si formidable en bout de ligne. Par contre, si la structure de la maison est bonne et que vous aimez son emplacement, vous pouvez l'améliorer et la rénover afin de la rendre plus confortable.

En vous inspirant du tableau présentant les points importants pour chacun des trois ménages, tentez d'établir vos propres besoins à l'aide de la liste aide-mémoire, en annexe A.

Évaluez votre capacité financière

Vous devez essentiellement considérer quatre éléments pour évaluer votre capacité d'achat :

1. Le versement initial

2. Les frais de clôture

3. Des versements mensuels que vous pouvez rencontrer

4. Les frais d'entretien

Ce que vous pouvez vous permettre résulte de la combinaison de ces quatre éléments.

Le versement initial

Réussir à amasser le versement initial de 25 % ou même de 5 % du prix d'achat de la maison peut constituer un véritable défi. Certains moyens peuvent nous aider à y parvenir ou peuvent nous permettre, à tout le moins, de décider s'il vaut mieux acheter une maison maintenant alors que les taux d'intérêt des prêts hypothécaires sont bas ou s'il vaut mieux attendre, mais risquer de devoir payer un prix d'achat et un taux d'intérêt probablement plus élevés.

Même si vous avez réussi à épargner une certaine somme d'argent, ces économies sont souvent insuffisantes pour couvrir les frais de clôture, de déménagement, de rénovations et toutes les autres dépenses inattendues. Si vous êtes prêt à acheter maintenant et que vos liquidités vous permettent d'effectuer les paiements courants, vous n'avez sans doute pas à patienter davantage pour acheter votre maison. Le prêt hypothécaire Scotia avec mise de fonds-cadeau est un prêt hypothécaire abordable à taux fixe, conçu pour accorder aux acheteurs d'une première maison la mise de fonds minimum pour accéder à la propriété. Ce prêt hypothécaire assuré, disponible à un taux fixe pour une période de cinq ou sept ans, offre en cadeau le versement initial de 5 %. Une couverture d'assurance est requise, comme pour tout prêt hypothécaire à ratio élevé (ce qui est plus amplement discuté dans le prochain chapitre). Vous pouvez donc acheter la maison de vos rêves en évitant qu'une augmentation des taux d'intérêt ou qu'une hausse dans la valeur des immeubles ne vienne la mettre hors de votre portée. On peut obtenir de l'information sur le versement initial en consultant le site Internet de son établissement prêteur.

Si vous ne remplissez pas les conditions minimales pour l'obtention d'un prêt hypothécaire Scotia avec mise de fonds-cadeau, d'autres possibilités peuvent s'offrir à vous. Ainsi, si vous achetez votre première maison, vous et votre conjoint pourriez tous deux retirer jusqu'à 20 000 $ de vos REER, non imposables, pour faire votre versement initial. L'Agence du revenu du Canada (ARC) vous accorde jusqu'à 15 ans pour rembourser les montants retirés du REER, par versement annuel. (Il est important de rembourser dans les délais ce « prêt » provenant de votre REER; vous devrez sinon payer de l'impôt sur ce montant). La seule condition est de ne pas avoir eu et habité une maison à titre de résidence principale au cours des cinq années précédant le retrait des fonds. Pour plus d'informations sur le Régime d'accession à la propriété REER, vous pouvez visiter le site Internet de l'ARC au www.ccra-adrc.gc.ca. Votre représentant des services bancaires personnels pourra aussi vous aider à déterminer si le Régime d'accession à la propriété REER est une bonne option dans votre cas.

Une autre possibilité, si le temps joue en votre faveur, est de recourir aux programmes d'encouragement à l'épargne offerts par certaines banques à l'intention de ceux qui désirent devenir propriétaires. Cette solution pourrait vous convenir parfaitement. Le programme d'encouragement à l'épargne-logement de la Banque Scotia propose la démarche suivante : si vous planifiez une cotisation de 200 $ ou plus par mois, vos épargnes seront régulièrement investies dans un Maître-Compte qui offre un taux de rendement sûr et élevé. Pour chaque année de participation complétée, vous aurez droit à une prime si vous utilisez l'épargne en vue du versement initial pour un nouveau prêt hypothécaire auprès de la Banque Scotia. La prime peut atteindre la somme maximale de 1 000 $, créant ainsi un meilleur rendement sur vos épargnes. C'est une manière facile d'accumuler une plus grosse somme d'argent en vue du versement initial pour l'achat d'une nouvelle maison.

Les institutions financières offrent une autre option intéressante, soit la remise en espèces. Vous pourriez être admissible à recevoir en argent liquide un montant correspondant à un certain pourcentage du montant de votre prêt hypothécaire et l'utiliser comme vous le désirez. Vous conviendrez que de vieilles caisses de bois converties en chaises feraient piètre figure dans votre nouvelle maison. Si vous avez besoin de nouveaux meubles, de luminaires, d'appareils électroménagers, de rideaux ou de stores, la facture pourrait se gonfler rapidement. À une période où les dépenses s'accumulent, la remise en espèces peut s'avérer particulièrement profitable.

Les institutions financières ont souvent les solutions qu'il vous faut pour vous permettre de devenir propriétaire, et peut-être même plus tôt que vous ne l'auriez imaginé. Informez-vous auprès d'un représentant de votre institution financière afin de mieux connaître les options qui s'offrent à vous.

Les frais de clôture

À l'achat d'une maison, les coûts ne se limitent pas au prix d'achat. Il faut toujours calculer les indésirables « frais de clôture ». Voyons d'un peu plus près ce qu'ils englobent et les moyens que vous pouvez prendre pour vous préparer. La taxe provinciale ou municipale constitue habituellement le coût le plus important dans les frais de clôture. Cette taxe doit être payée par l'acheteur. Que ce soit en Ontario, au Manitoba, en Nouvelle-Écosse, en Colombie-Britannique ou au Québec, on parlera généralement de droits de cession ou encore de droits de mutations immobilières. Ironiquement, au Québec, on la désigne parfois comme « taxe de bienvenue ». Mais, peu importe son nom, cette taxe est toujours calculée en fonction de la valeur marchande de la propriété et son calcul peut être compliqué. Il s'agit là d'une dépense méconnue que les acheteurs d'une première maison oublient souvent de prévoir.

Droits sur les mutations immobilières en Ontario et au Québec pour un immeuble de 260 000 $
= (55 000 $ x 0,5 %) + (195 000 $ x 1 %) + (10 000 $ x 1,5 %)
= 275 $ + 1 950 $ + 150 $
= 2 375 $

Droits sur les mutations immobilières en Colombie-Britannique pour un immeuble de 260 000 $
= (200 000 $ x 1 %) + (60 000 $ x 2 %)
= 2 000 $ + 1 200 $
= 3 200 $

Droits sur les mutations immobilières au Manitoba pour un immeuble de 260 000 $
= (30 000 $ x 0) + (60 000 $ x 0,5 %) + (60 000 $ x 1 %) + (110 000 $ x 1,5 %)
= 0 + 300 $ + 600 $ + 1 650 $
= 2 550 $

Votre agent immobilier devrait être en mesure de vous donner une idée du montant des taxes qui varieront en fonction du prix des maisons qui vous intéressent. Mais une personne avertie en vaut deux, et mieux vaut s'informer à l'avance ou faire une recherche sur le site Internet du gouvernement provincial (voir la liste des sites Internet à la fin du livre) pour avoir une idée du montant à payer. Si vous achetez une maison neuve, vous pourriez ne pas avoir à payer de droits sur les mutations immobilières, mais vous auriez à payer la TPS, qui pourrait faire partie ou non du prix d'achat.

En plus des taxes, on doit aussi tenir compte des frais d'ajustements, qui sont des dépenses qui doivent être réparties entre l'acheteur et le vendeur lors de la clôture de la transaction. Entre autres, il y a les taxes foncières et les frais de services publics. Si vous emménagez au milieu d'une période de facturation, les frais pour les services publics devront être présentés sur deux factures séparées afin de les répartir entre vous et le propriétaire précédent pour la période concernée.

On doit aussi considérer les frais légaux et/ou d'assurance-titres. Vous pouvez prévoir une somme minimale de 500 $ pour votre conseiller juridique, selon la complexité du travail à effectuer pour compléter la transaction et selon votre décision de souscrire ou non à une assurance-titres, dont le coût peut varier entre 150 $ et 250 $, selon la couverture choisie.

Comme si ce n'était pas suffisant, il faut également garder à l'esprit certaines autres dépenses reliées à l'achat d'une maison et susceptibles de s'appliquer dans votre cas :

– Les frais d'inspection pour une maison existante. Il faut prévoir quelques centaines de dollars pour une inspection détaillée. Bien que la loi ne vous l'impose pas, procéder à une inspection est une bonne idée. Plusieurs acheteurs présentent des offres d'achat conditionnelles à l'inspection de la maison. D'autres acheteurs potentiels, engagés dans une dure guerre de prix, pourront choisir de laisser tomber cette condition. Bien que l'inspection ne fasse pas partie d'une des conditions de votre offre d'achat, il est tout de même préférable d'en faire une afin d'évaluer, dès le départ, les coûts associés aux réparations qui seront à faire dans l'immédiat ou à plus long terme. Vous pourrez ainsi établir votre budget en conséquence, avant même d'avoir acheté de nouveaux meubles ou engagé des dépenses importantes pour la décoration.

– Les frais d'arpentage pour une maison existante. Il faut prévoir une somme allant de 700 $ à 1 500 $, selon la complexité des limites de la propriété. Certains propriétaires n'ont pas de certificat de localisation pour leur immeuble. Vous pouvez demander un certificat de localisation pour connaître exactement l'état de l'immeuble que vous achetez avec ses limites et ses éventuels droits d'accès.

– Les frais d'évaluation. Les frais pour obtenir une évaluation indépendante et objective sont d'environ 200 $ pour la plupart des maisons situées en secteur urbain. Les frais peuvent être plus élevés si la maison est située dans une agglomération rurale ou si une situation complexe affecte la propriété.

– Les frais d'inscription. Il s'agit des frais exigés par le gouvernement provincial pour inscrire votre acte de vente et votre acte de prêt hypothécaire au registre foncier, dans la circonscription où est situé votre immeuble. Votre conseiller juridique paiera ces frais en votre nom et vous devrez lui rembourser une somme pouvant se chiffrer entre 120 $ et 200 $, qui sera incluse dans sa facture à titre de déboursés.

- Les frais de déménagement. Ces frais varieront selon la quantité d'effets mobiliers à déménager, la distance vous séparant de votre nouvelle maison et les déménageurs auxquels vous faites appel. Le prix ne sera pas le même si vous faites affaire avec une entreprise de déménagement réputée, une petite entreprise indépendante ou des membres de votre famille.

- Il ne faut pas négliger non plus les frais des services publics pour les nouveaux branchements. Un dépôt est parfois exigé pour les services futurs. Lors de son récent déménagement, Daniel, un ami, nous a raconté que la société Toronto Hydro lui a donné le choix de payer la somme de 200 $ à titre de dépôt ou de payer ses factures par un mode de paiements préautorisés. Il a choisi le dépôt de 200 $, mais une personne avec peu de liquidités devrait plutôt choisir de payer par paiement direct. Vous pouvez récupérer votre dépôt après une période de trois ans, mais vous devez en faire la demande vous-même et être en mesure de démontrer que vos paiements sont toujours faits à temps.

- Si vous vendez votre maison, assurez-vous d'inclure la commission de l'agent immobilier dans vos coûts de transaction. Cette commission correspond généralement à environ 5 % du prix de vente.

- En dernier lieu, vous pourriez décider de dépenser pour la décoration afin de donner une allure plus moderne à votre nouvelle maison, particulièrement si celle-ci semble s'être défraîchie au cours des années. Vous pourriez avoir besoin de nouveaux rideaux, d'une couche de peinture, d'un nouveau carrelage. De nouvelles poignées d'armoire pourraient redonner de l'éclat à la cuisine. De nouveaux luminaires ou quelques nouveaux meubles pourraient aussi faire une énorme différence. Des travaux de jardinage seraient peut-être nécessaires. Bref, peu importe la condition de la maison ou votre échelle de priorités, il faut toujours prévoir certaines dépenses qui apporteront la touche personnelle à la nouvelle maison.

Pour une maison existante, vous devriez prévoir une somme équivalente à plus ou moins 3 % du prix d'achat pour couvrir les frais de clôture, sans toutefois tenir compte des coûts associés à la décoration. Avec une maison neuve, vous devrez prévoir des dépenses additionnelles pour la TPS (à moins qu'elle ne soit déjà comprise dans le prix d'achat) et pour les coûts associés à la décoration (comme les rideaux ou les luminaires).

À combien vos versements mensuels devraient-ils se limiter?

À combien s'élèveront les versements mensuels du prêt hypothécaire? Le montant de vos versements mensuels est fonction du montant de votre prêt hypothécaire et des taux d'intérêt en vigueur. Vous pouvez ensuite faire des ajustements en fonction de la fréquence de vos paiements et de la période d'amortissement choisie. Le facteur d'amortissement agit comme un contrepoids : une diminution actuelle du montant des versements mensuels engendre une augmentation des frais d'intérêt à payer pour votre prêt hypothécaire. Plus vous remboursez votre prêt hypothécaire rapidement et plus vos versements mensuels sont élevés. Plus la période d'amortissement est longue et plus vos versements mensuels sont bas. Bien sûr, à long terme, vous paierez davantage pour votre maison, mais si c'est là le seul moyen que vous avez pour acheter la maison que vous voulez, alors allez de l'avant!

Le tableau ci-dessous présente des versements mensuels calculés en fonction du taux d'intérêt et de la période d'amortissement pour un prêt hypothécaire de 100 000 $.

Tableau de versements hypothécaires mensuels calculés en fonction du taux d'intérêt et de la période d'amortissement

Taux d'intérêt	25 ans	20 ans	15 ans	10 ans
4,00 %	526,02	604,25	738,04	1 010,89
5,00 %	581,60	657,13	788,12	1 058,15
6,00 %	639,81	712,19	839,88	1 106,51
7,00 %	700,42	769,31	893,25	1 155,94
8,00 %	763,21	828,36	948,15	1 206,41
10,00 %	894,49	951,66	1 062,27	1 310,34
12,00 %	1 031,90	1 080,97	1 181,61	1 418,03

Ce tableau donne un aperçu très général de versements hypothécaires possibles. Pour obtenir des calculs plus précis, vous pouvez consulter le site Internet de votre banque sur lequel vous trouverez probablement un calculateur hypothécaire. Vous pouvez essayer celui sur le site www.banquescotia.com. Vous aurez alors un bon indicateur de ce que vous pouvez vous permettre avant même d'avoir discuté avec le représentant de votre institution financière.

Il n'est pas rare qu'une institution financière approuve un prêt hypothécaire se chiffrant à un montant plus élevé que ce que le client peut réellement se permettre. Il ne s'agit pas là d'un stratagème visant à vous mettre dans l'eau chaude; il faut plutôt vous dire que l'établissement prêteur n'est pas mandaté pour évaluer ou juger vos choix personnels. Votre représentant regardera vos *frais fixes*, mais n'interviendra pas dans des dépenses personnelles comme vos sorties au cinéma. Les frais fixes correspondent à tous les frais non négociables, tels votre loyer ou vos versements hypothécaires, les frais de services publics, les frais d'emprunt, les frais alimentaires pour votre conjoint et vos enfants et les taxes. En conclusion, il n'y a que vous qui sachiez ce que vous pouvez vous permettre. Il est donc indispensable que *vous* teniez compte de toutes les dépenses mensuelles qui ne sont pas considérées par l'institution financière.

Qu'en est-il si votre institution financière approuve votre prêt pour un montant moindre que ce que vous pensiez pouvoir obtenir? Magasinez ailleurs. Mais gardez à l'esprit que la plupart des établissements de prêts se basent essentiellement sur le même modèle pour prendre leurs décisions. Les prêteurs conviennent que les coûts associés au logement ne devraient pas être supérieurs à 32 % du revenu du ménage – c'est ce qu'on appelle le ratio du service de la dette brute (voir le glossaire). Personne ne tient à ce que vous vous retrouviez dans une situation difficile où vous ne seriez plus en mesure de rencontrer vos obligations. En fournissant le plus d'informations possibles au représentant de votre institution financière, ce dernier pourra mieux vous aider à trouver une solution qui conviendra à vos besoins et à votre situation.

Les coûts d'entretien

Si vous étiez locataire, vous pourriez facilement risquer de sous-estimer les dépenses reliées à l'achat d'une maison. Si le logement loué se trouvait près de votre travail et que vous achetiez une maison un peu plus éloignée, vous devriez donc établir votre budget en tenant compte de ces nouveaux frais de déplacement. De même, en tant que locataire, vous n'avez peut-être jamais vu une facture reliée aux services publics ou aux taxes foncières et on sait que la note est souvent très élevée. Établissez donc dès maintenant un bilan mensuel de vos dépenses pour savoir exactement où va votre argent (annexe B). Pour éviter les mauvaises surprises, il est bon de prévoir une colonne pro forma pour les dépenses anticipées reliées à l'achat d'une maison. De nombreuses autres dépenses, en plus des dépenses qui ne sont pas reliées à votre achat, viendront aussi éventuellement s'ajouter : changer le vieux tapis, peinturer la salle de bains. Le toit pourra avoir besoin d'être remplacé d'ici trois ans et que dire des gouttières? Combien investirez-vous à tous les printemps pour embellir votre jardin? Bref, que vous en soyez à établir les montants à consacrer aux charges de copropriété ou aux dépenses courantes pour l'entretien d'une maison, vous devrez envisager ces éventualités dans l'établissement de votre budget.

Les mêmes surprises pourraient vous attendre si vous quittiez une maison neuve pour déménager dans une vieille maison ou si vous quittiez la ville pour aller vivre à la campagne. À titre d'exemple, vous n'aurez pas de taxe d'eau à payer si votre maison était reliée à un puits artésien. Vous devriez assumer les frais d'entretien de votre puits et du système de pompe à eau, mais votre municipalité ne vous ferait pas parvenir de facture pour des services d'aqueduc.

Si vous quittez une maison de construction récente pour aller vous installer dans une maison nettement plus vieille, il est possible que vous constatiez une différence importante quant à l'ampleur des travaux exigés pour l'entretien de la maison. Remplacer le système de plomberie ou le filage électrique d'une vieille maison n'est pas une mince affaire.

Préparez-vous adéquatement pour la recherche d'une nouvelle maison

Vous devez d'abord accorder vos violons. Qui devrez-vous impliquer dans vos démarches pour la recherche et l'achat d'une maison et quel sera le rôle de ces différents intervenants?

L'agent immobilier

La décision de faire appel à un agent immobilier dépend de vous. Mais l'Association canadienne de l'immeuble met en lumière certains avantages d'y recourir et explique que la tâche de l'agent immobilier consiste à « rendre le transfert de propriété aussi facile que possible ».

La meilleure façon de trouver un agent immobilier avec qui vous aimeriez faire affaire est de demander à votre famille ou à des amis de vous référer quelqu'un connaissant le secteur qui vous intéresse. Vous pouvez aussi consulter la section immobilière du journal local pour connaître le nom des agents inscripteurs de votre secteur et vous pouvez même rencontrer quelques agents avant d'arrêter votre choix. Votre agent immobilier devrait connaître l'état du marché immobilier local et être en mesure de vous aider dans la préparation de votre offre d'achat, tout en vous guidant dans vos démarches. Avant de faire appel à un agent immobilier en particulier, que vous souhaitiez vendre ou acheter, vous devez clairement lui préciser vos attentes et, dès le départ, établir avec lui les termes de votre entente. Vous éviterez ainsi bien des malentendus dans ce qui pourrait être un événement marquant de votre vie, assez complexe et chargé d'émotions.

Le prêt hypothécaire

À moins que vous ne soyez très riche, vous aurez besoin d'obtenir un prêt hypothécaire. La première partie de ce chapitre, ainsi que le chapitre 7, explique tout ce que vous devriez savoir au sujet des prêts hypothécaires, mais nous nous concentrerons ici plutôt sur la façon d'établir le mode de financement en vue de pouvoir déposer une offre. Toutes les autres décisions relatives à votre prêt hypothécaire pourront être prises plus tard.

Profitez des avantages de la préautorisation dès que vous commencez à chercher une maison. Avec une préautorisation, vous obtenez deux choses : vous pouvez, en toute confiance, concentrer vos recherches sur des maisons dont le prix correspond à vos capacités et vous obtiendrez le taux d'intérêt que votre institution financière s'engage à vous offrir pour votre éventuel prêt hypothécaire. L'engagement sur le taux est valable pour une période fixe, généralement de 60 à 90 jours. Certaines institutions financières sont prêtes à s'engager pour une période de 120 jours. Avec une préautorisation, votre institution financière approuve le montant de votre prêt hypothécaire et vous donne une confirmation écrite ou un certificat portant sur l'engagement quant au taux d'intérêt convenu.

Les gens qui font leurs premières armes dans le marché immobilier pourront trouver que la compétition y est de plus en plus forte, selon les conditions qui prévalent dans le secteur visé. Placé au beau milieu d'une guerre de prix, vous pourriez vous sentir obligé de signer sous pression une offre d'achat inconditionnelle. Mais il est important de comprendre que toute offre, dans la mesure du possible, devrait être conditionnelle à l'obtention du financement. Bien que la préautorisation soit très avantageuse, il ne s'agit pas de l'approbation finale de votre demande de prêt hypothécaire. Pour obtenir une approbation finale, il faut d'abord une évaluation de la valeur de l'immeuble concerné. Si vous avez soumis une offre d'achat « inconditionnelle » et qu'elle a été acceptée, et si l'évaluation s'avère incompatible avec le prix d'achat, vous pourriez perdre votre dépôt (habituellement de 5 à 10 % du prix d'achat, déposé lors de l'offre d'achat). Même si la préautorisation ne constitue pas une approbation finale et définitive de votre demande de prêt hypothécaire, elle peut néanmoins vous éviter la déception d'avoir trouvé la maison de vos rêves sans pouvoir réussir à obtenir le financement nécessaire pour l'acheter.

Au Canada, un grand nombre d'agents immobiliers sont membres de l'Association canadienne de l'immeuble (ACI). Ces derniers souscrivent à un rigoureux code de déontologie et à des normes de conduite professionnelle. Le code de déontologie comprend un ensemble de règles définissant ce dont vous êtes en droit de vous attendre lorsque vous faites appel à un agent immobilier. Il s'agit, en quelque sorte, d'une garantie de professionnalisme et de service hors pair.

– L'agent immobilier agréé qui s'engage à adopter une conduite professionnelle de grande qualité est une ressource précieuse pour les acheteurs et pour les vendeurs.

– L'agent immobilier agréé connaît les changements et les tendances du marché. Il vous fournira les renseignements pertinents : les prix comparables, les tendances actuelles dans le quartier, les conditions du marché de l'habitation, et plus encore.

– L'agent immobilier agréé s'est engagé à poursuivre sa formation pour améliorer ses compétences et son efficacité dans les négociations immobilières.

– Tous les agents ont reçu une formation et leurs compétences ont été mises à l'épreuve. Parce qu'il souscrit à des normes supérieures de conduite professionnelle, l'agent immobilier agréé s'assure que toutes les parties à la transaction sont traitées équitablement.

– L'agent immobilier agréé s'engage à agir avec honnêteté en divulguant les renseignements pertinents de la propriété et en fournissant tous les faits requis pour vous aider à prendre l'une des plus importantes décisions de votre vie.

– Vous devez aussi vous rappeler que seul un agent immobilier membre de l'Association canadienne de l'immeuble a accès au Service interagences, le plus puissant outil de commercialisation de l'immobilier au Canada.

C'est en raison de tout ce qui précède que de nombreux acheteurs et vendeurs retiennent les services d'un agent immobilier agréé. En qualité de membre de sa chambre immobilière locale, l'agent immobilier agréé peut véritablement tâter le pouls du marché de l'habitation. Vous pouvez faire confiance à un agent immobilier agréé pour protéger vos intérêts et s'occuper des détails. Tout au long du processus, vous demeurez un partenaire actif qui travaille de concert avec l'agent immobilier agréé, étape par étape.

Demande de prêt hypothécaire préapprouvé

Catherine a rempli sa demande. Voici l'exemple de sa démarche :
*Renseignements requis

Renseignements personnels

Mme*		Catherine				Smith
Titre		Prénom		Initiales		Nom de famille

Thisdale

(604)	555	1212		catherine.thisdale@abc.com
No de téléphone personnel*				Courriel

Date de naissance*

1972		Mars		6
Année		Mois		Jour

No d'assurance sociale

Célibataire		Anglais
État civil		Langue de correspondance*

Adresse actuelle :

10		Principale		
Numéro		Rue*		No d'unité

Vancouver		Colombie-Britannique		V6V 6V6
Ville*		Province/Territoire*	Code postal*	

Loyer		Êtes-vous propriétaire, locataire ou autre*

8   Années

Vous résidez à cette adresse depuis*

Oui

Faites-vous déjà affaire avec la Banque Scotia?*

Si oui, numéro de carte Scotia[MC]

Non

Renseignements professionnels et financiers

Emploi actuel

Salarié   Marketing

Situation d'emploi*   Emploi*

Agence de publicité ABC   Marketing

Nom de l'employeur*

(604) 555 5555

No de téléphone de l'employeur   Poste

No de téléphone professionnel

5 Années   0 Mois

Ancienneté

5 000 $

Revenu mensuel brut*

Vous pouvez faire une demande de prêt préapprouvé auprès de la plupart des institutions financières, en vous rendant à une de leurs succursales ou en visitant leur site Internet. Plusieurs de ces sites fournissent des calculateurs en ligne qui vous donneront une idée du prêt hypothécaire que vous pourriez obtenir. Ces calculateurs vous fournissent une estimation basée sur les trois C du crédit : Capacité, Caractère et Capital. Ces critères s'appliquent, peu importe la forme de crédit qui vous intéresse – carte de crédit, ligne de crédit, prêt-auto ou prêt hypothécaire. Avant de faire votre demande de prêt hypothécaire, ou même votre demande de prêt préapprouvé, vous devriez connaître vos dépenses mensuelles. Une préparation adéquate est primordiale.

Devriez-vous vous adresser à une banque, à un courtier en hypothèques ou à une société financière pour l'obtention de votre prêt hypothécaire?

Les courtiers en hypothèques ne sont habituellement pas des prêteurs. Ils identifient vos besoins concernant votre prêt hypothécaire, plus précisément le montant qu'il vous faut et les conditions que vous recherchez. Ils vous mettent ensuite en relation avec un prêteur, tel une banque. Un courtier vous permet d'obtenir de l'information sur différents types de prêts hypothécaires dont vous pourriez profiter. En raison de l'obtention d'une nouvelle clientèle, le prêteur verse une certaine rémunération au courtier (ce n'est donc pas vous, normalement, qui devez payer le courtier). Toutefois, il est important de savoir que les courtiers ne vont vous diriger que vers des prêteurs avec qui ils font régulièrement affaire. Ils ne transigent pas nécessairement avec tous les prêteurs et vous pourriez donc risquer de ne pas être informé sur certains produits avantageux offerts par des prêteurs qui ne figurent pas sur la liste de votre courtier.

Une société financière présente l'avantage de consentir à l'approbation d'un prêt même si le client a un dossier de crédit peu reluisant. Toutefois, il faut garder à l'esprit que votre taux d'intérêt sera probablement majoré.

On pourra évidemment s'adresser aux banques, aux coopératives de crédit et aux caisses populaires qui recherchent de la nouvelle clientèle et devraient donc multiplier les efforts pour vous aider à trouver le prêt hypothécaire qui vous convienne. Plusieurs banques ont même une équipe de spécialistes en prêts hypothécaires qui peuvent vous donner d'excellents conseils sur cette transaction importante, tout en vous donnant accès à une gamme complète de services financiers.

Le conseiller juridique

Votre conseiller juridique pourra représenter vos intérêts lors du dépôt de votre offre et sera impliqué dans les démarches menant à la clôture de la transaction. Votre conseiller juridique s'occupe du transfert du titre de propriété et des questions relatives aux vices de titre et il procède au règlement des différents déboursés. À la date de clôture, attendez-vous à ce que votre conseiller juridique vous remette les clés de votre nouvelle maison, clés que le vendeur lui aura remises dès que le prix d'achat aura été versé (à même le dépôt et les fonds remis par votre prêteur, d'où la création d'une garantie hypothécaire).

L'évaluateur et l'inspecteur en bâtiment

Nous avons déjà traité de la question des évaluations et des inspections comme faisant partie des éléments à considérer dans l'établissement des frais de clôture. Avant de faire le déboursé de votre prêt hypothécaire approuvé, les banques, de façon systématique, demandent une évaluation de la maison, le tout afin de s'assurer que la valeur de votre immeuble est compatible avec la valeur des immeubles similaires se trouvant dans votre secteur. Votre prêteur peut faire son évaluation de façon traditionnelle en visitant votre maison, pièce par pièce. Dans certains cas, une vérification sommaire à distance suffit; si l'immeuble figure déjà dans une base de données fixant la valeur des immeubles, alors une évaluation « automatisée » pourra s'avérer suffisante.

Une inspection complète de la maison devrait contenir une évaluation détaillée des éléments suivants : toit et gouttières, façade extérieure, composante de la charpente et isolation; systèmes électrique, de chauffage, de climatisation et de plomberie; composantes intérieures, soit la condition des murs, des plafonds, des fenêtres, des portes, du sous-sol et du vide sanitaire. Le rapport qui vous sera remis devra faire état de la condition des composantes de l'immeuble et indiquer les réparations nécessaires, avec une estimation des coûts. N'oubliez pas que l'inspecteur en bâtiment n'a pas de rayons X à la place des yeux et il ne peut pas voir ce qui se cache derrière les murs ou sous les planchers. Peut-être ne pourra-t-il pas grimper sur le toit au beau milieu de l'hiver. Ses conseils sont donc nécessairement limités. De plus, aucune compétence particulière n'est requise pour devenir inspecteur en bâtiment et il faut donc recourir à une firme réputée et expérimentée pour avoir l'assurance d'obtenir une opinion fiable.

Le rapport d'inspection se distingue du rapport d'évaluation. L'inspection devrait vous donner un aperçu général, non seulement des caractéristiques de la construction, mais également de la qualité de la maison. Elle devrait identifier les défauts de construction ou certains autres problèmes, tels la présence d'amiante dans les matériaux isolants ou la désuétude du système électrique. L'inspection de la maison vous permettra de connaître les réparations que vous devrez faire avec une idée des coûts qui y seront reliés. Par contre, l'évaluation fournira aussi à votre prêteur une opinion objective quant à la valeur de votre maison par rapport aux conditions du marché local.

En faisant de l'inspection une condition de votre offre d'achat, vous pourriez utiliser le rapport afin d'obliger le vendeur à effectuer certaines réparations avant la clôture de la vente et d'en assumer lui-même les coûts. De plus, vous serez mieux informé sur la condition de la maison. Pour toutes ces raisons, l'inspection constitue une manière sûre de protéger un achat fort important dans votre vie.

L'assureur de votre habitation

L'assureur de votre habitation s'occupera de la couverture d'assurance pour la valeur de la maison et de son contenu en cas de feu ou d'autres formes de dommages. Si vous avez un prêt hypothécaire, votre prêteur exigera que vous ayez une assurance-habitation de base couvrant la valeur de remplacement de votre maison avant que les fonds ne soient déboursés à la date de clôture. Les frais d'assurance-habitation varieront en fonction de la valeur de votre maison, de la franchise choisie et de la présence ou non d'un système de sécurité. Une franchise plus élevée signifiera que votre assureur ne vous dédommagera pas pour les réclamations mineures, mais vous bénéficierez par contre d'une réduction quant à votre prime globale. Vous devriez toutefois lire avec attention votre police d'assurance pour bien comprendre ce qui est couvert et ce qui ne l'est pas, de façon à vous éviter des mauvaises surprises en bout de ligne si les tuyaux gèlent et fendent ou si la foudre frappe votre maison.

Dès que vous aurez trouvé la maison de vos rêves, il est possible que vous ayez plusieurs étapes à franchir avant de l'obtenir. Cette situation se présentera particulièrement dans ce que les agents immobiliers appellent un « marché de vendeurs ». On assiste alors à une forte demande de la part des acheteurs, alors que peu de maisons sont offertes sur le marché. Des maisons sont ainsi vendues au-dessus du prix demandé et les guerres de prix sont fréquentes. Si vous avez l'impression d'avoir payé trop cher en raison de cette guerre de prix, souvenez-vous que d'autres verront dans votre décision un excellent investissement. N'oubliez pas non plus qu'il s'agit de votre gîte et qu'au lieu de payer un loyer à un propriétaire, vous accumulez de la valeur, libre d'impôt, en investissant dans votre maison.

> **Conseil** : Imaginez, d'une part, le prix que vous seriez prêt à payer et, d'autre part, le prix pour lequel vous auriez le cœur brisé si vous appreniez que la maison s'est vendue pour ce montant et qu'elle vous a échappé.

À cette étape-ci, vous vous demandez peut-être comment faire pour vous souvenir de toutes ces informations lors de vos démarches pour trouver une maison. Vous trouverez en annexe C un bref sommaire qui pourra vous être utile.

CHAPITRE 7

Ce qu'il faut savoir au sujet des prêts hypothécaires

Plus de 80 % des Canadiens considèrent que leur prêt hypothécaire constitue la plus importante décision financière à prendre. Dans les faits, 82 % déclarent que leur maison est leur plus important placement. Pourtant, il est surprenant de constater que nous avons bien peu de connaissances sur les prêts hypothécaires, leur fonctionnement et les frais cachés. On en entend parfois parler, par l'entremise de quelqu'un qui se vante d'avoir réussi à obtenir un taux d'intérêt très avantageux, pour finalement découvrir que les taux ont baissé dans les mois qui ont suivi ou qu'une autre personne a réussi à obtenir un taux encore meilleur. Mais en réalité, l'important n'est pas tant d'obtenir le plus bas taux possible, mais bien d'obtenir le prêt hypothécaire qui répond véritablement à nos besoins.

Les Canadiens croient que de soumettre une demande de prêt hypothécaire est un processus relativement complexe si on le compare à l'ouverture d'un compte chèques, par exemple. En fait, c'est que plusieurs facteurs entrent en ligne de compte. Avec la baisse des taux d'intérêt, on a pu constater un nombre croissant de jeunes ménages sur le marché immobilier, qui ont besoin d'être conseillés dans leur démarche. Ils ont consulté leur famille et leurs amis et ont recueilli de l'information sur Internet. Mais la plupart des gens, à la recherche d'un prêt hypothécaire, préfèrent en discuter avec un représentant de leur institution financière. Voici donc ce que vous devriez savoir au sujet des prêts hypothécaires afin d'être bien préparé.

Les origines de l'hypothèque

Commençons par le commencement. Qu'est-ce qu'une hypothèque exactement? Dans le dictionnaire, *Le Petit Robert,* vous retrouvez cette définition: « Droit réel accessoire accordé à un créancier sur un immeuble en garantie du paiement de la dette, sans que le propriétaire du bien grevé en soit dépossédé ». Très éclairant, n'est-ce pas?

Notre conseiller juridique nous dit qu'il s'agit d'un concept juridique qui remonte à fort longtemps. À l'époque, quand vous receviez le déboursé de votre prêt hypothécaire, vous deviez littéralement remettre la possession effective de votre immeuble à la personne qui vous avait prêté. Ainsi, dans les faits, votre immeuble devenait la propriété de votre prêteur jusqu'à ce que le prêt soit complètement remboursé. Une fois la dette payée, vous repreniez possession de votre immeuble. Mais dans l'intervalle, votre immeuble devenait essentiellement la propriété de votre prêteur et vous étiez à sa merci (tout en espérant que ce dernier serait animé par de bons sentiments).

De nos jours…

Les choses ont bien changé et cette conception de l'hypothèque est désuète. De nos jours, bien que l'hypothèque représente une charge, ou une réclamation, contre votre immeuble, vous, et non pas le créancier hypothécaire (prêteur), continuez d'en avoir la possession et la propriété. Et votre créancier hypothécaire ne peut exercer quelque droit que ce soit contre votre immeuble, sauf si vous êtes en défaut d'exécuter vos obligations. À partir de certaines définitions de base, nous préciserons la nature même du prêt hypothécaire tel qu'on le connaît aujourd'hui :

Un *prêt hypothécaire conventionnel* est un prêt garanti par un immeuble, dont le montant n'excède pas 75 % de la valeur du dit immeuble. Si la valeur de l'immeuble est de 175 000 $, le maximum qui pourra être emprunté en vertu d'un prêt hypothécaire conventionnel sera donc de 131 250 $, et vous devrez faire un versement initial d'au moins 43 750 $.

Un *prêt hypothécaire à ratio élevé* ou un *prêt hypothécaire assuré* est un prêt garanti par un immeuble où le montant du prêt excède 75 % de la valeur du dit immeuble, jusqu'à un maximum de 95 %. Vous devez donc faire un versement initial de 5 %. La Loi fédérale sur les Banques exige qu'un prêt hypothécaire à ratio élevé soit assuré par une tierce partie (ou bien l'assureur public – la Société canadienne d'hypothèques et de logement (SCHL) – ou bien un assureur privé, tel GE Assurance Hypothèque Canada (GEMICO)) dans le but de protéger le prêteur contre les défauts possibles de l'emprunteur. Les prêteurs peuvent ainsi offrir de meilleurs taux d'intérêt sur les prêts hypothécaires. En cas de défaut, cette assurance-prêt hypothécaire garantit au prêteur le remboursement du solde. Pour obtenir un prêt hypothécaire à ratio élevé assuré, l'emprunteur paie une prime d'assurance sous forme d'un montant forfaitaire qui correspond à un pourcentage du montant emprunté.

Primes en août 2003

Coefficient du prêt en fonction de la valeur	Prime d'assurance sur le prêt
Jusqu'à 80 %	1,00 %
Jusqu'à 85 %	1,75 %
Jusqu'à 90 %	2,00 %
Jusqu'à 95 %	3,25 %

La prime de l'assurance hypothécaire

Karen veut acheter un petit condominium qui coûte 190 000 $. Elle n'a pas épargné suffisamment pour le versement initial. Mais elle se qualifie pour un prêt hypothécaire avec mise de fonds-cadeau (offert par son prêteur) en autant qu'elle paie la prime de l'assurance hypothécaire qui, dans ce cas-ci, a été fixée à 3,4 %. Voici comment le tout fonctionne :

Le revenu mensuel brut de Karen (avant toutes les déductions, impôts ou autres) est de 5 000 $, soit un revenu annuel de 60 000 $ (englobant son salaire de base de 50 000 $ et son boni habituel de 10 000 $), divisé par 12. Avec un tel revenu, Catherine se qualifie pour un prêt hypothécaire dont le montant maximal peut atteindre 204 310 $. Le montant est établi en fonction des données suivantes :

Taxes foncières : 167 $;

Frais mensuels de chauffage :50 $;

Charges mensuelles de copropriété : 200 $;

Prêt fermé avec une durée de 3 ans et un taux d'intérêt fixe de 5,8 %;

Période d'amortissement de 25 ans.

La prime d'assurance hypothécaire de Karen sera de 3,4 %, soit 6 137 $. Cette somme sera ajoutée au montant du prêt hypothécaire. Le montant total de son prêt hypothécaire sera donc de 180 500 $ (95 % du prix d'achat du condominium) plus 6 137 $ pour un total de 186 637 $ et on lui avait déjà accordé un prêt hypothécaire préapprouvé dépassant les 200 000 $. Elle sait donc qu'elle est en mesure de faire une offre pour le condo qu'elle a trouvé.

Dans le cas de **Maria et Jean**, qui ont un prêt hypothécaire assuré à ratio élevé, mais qui ont donné un versement initial de 8 %, la prime a été calculée et payée de la façon suivante :

Le prix d'achat de la maison était de 185 000 $, moins leur versement initial de 15 000 $, ce qui laissait un solde de 170 000 $. Ayant emprunté pour un montant correspondant à 92 % de la valeur de la propriété, la prime de leur assurance hypothécaire contre les défauts de paiement était de 3,25 %, ce qui donnait un montant de 5 525 $ qui fut ajouté au montant du capital de leur prêt hypothécaire. Le montant total du prêt hypothécaire se chiffra donc à 175 525 $.

En consultant le site Internet de votre banque, de la SCHL ou de GEMICO, vous pourrez découvrir les taux en vigueur pour les primes d'assurance hypothécaire.

En quoi un prêt hypothécaire diffère-t-il d'une ligne de crédit ou d'un prêt?

Une ligne de crédit personnelle établit une limite de crédit et vous pouvez retirer des fonds au besoin, soit par chèque ou par le biais du système bancaire automatisé (dont les guichets automatiques, le service téléphonique ou les services en ligne). Les lignes de crédit sont accordées avec ou sans garantie. Quand l'emprunt est « garanti », cela signifie que vous avez fourni une garantie accessoire; si vous ne pouvez pas effectuer vos paiements, le prêteur peut utiliser sa « garantie » pour recouvrer son argent. Parmi les garanties admissibles, on retrouve les certificats de placements garantis, les obligations du gouvernement ou les bons du Trésor, certains fonds du marché monétaire ainsi que les biens immeubles. Lorsqu'un immeuble est donné en garantie, la ligne de crédit garantie est habituellement transformée en prêt hypothécaire de second rang, et une charge vient donc affecter votre immeuble à la suite de celle établie en vertu de votre prêt hypothécaire régulier. Le taux d'intérêt pour une ligne de crédit est généralement fixé en fonction du taux de base. De plus, on accordera de meilleurs taux aux clients qui ont une excellente cote de crédit ou à ceux qui garantissent leur ligne de crédit avec un immeuble. Le remboursement correspond généralement à deux ou trois pour cent du capital emprunté, quoique beaucoup lignes de crédit n'exigent que le remboursement des intérêts à tous les mois. Vous pouvez en tout temps rembourser la totalité de votre ligne de crédit ou réemprunter jusqu'à la limite permise. Ainsi, contrairement à un prêt hypothécaire amorti avec des versements fixes, une ligne de crédit vous permet d'effectuer des retraits tant et aussi longtemps que vous avez une bonne cote de crédit. De plus, vous pouvez aussi rembourser la totalité de votre solde quand vous le voulez, sans pénalité d'intérêts.

Un prêt personnel réunit certaines des caractéristiques de la ligne de crédit et du prêt hypothécaire. Un prêt personnel peut être garanti ou non garanti. Tout comme une ligne de crédit, il est «ouvert » et peut être remboursé en tout temps, sans pénalité. Toutefois, le prêt personnel, tout comme le prêt hypothécaire, est remboursable sous forme de versements fixes, avec une durée et une période d'amortissement. Les taux d'intérêts peuvent être fixes ou variables, ajustés en fonction du taux de base. La période d'amortissement varie de cinq à vingt-cinq ans, selon l'objet qui justifie le prêt. Par exemple, un prêt garanti par une voiture ou un motorisé pourra avoir une période maximale d'amortissement de cinq ans (selon le montant du prêt et l'âge du véhicule), tandis qu'un prêt garanti par un immeuble pourra être amorti sur une période de vingt-cinq ans. La durée de la période d'amortissement est généralement fixée en fonction de la période de vie utile de la garantie sous-jacente. Ainsi, un prêt-auto pourrait avoir une période d'amortissement relativement courte si la valeur du véhicule est susceptible de diminuer rapidement. Les frais de prêts personnels sont généralement plus élevés que ceux des prêts hypothécaires. Par contre, il est possible de rembourser la totalité d'un prêt personnel en tout temps, sans aucune pénalité.

Maintenant que nous avons défini ce qu'est une hypothèque (et ce qu'elle n'est pas), intéressons-nous à son fonctionnement. Chaque prêt hypothécaire a ses propres caractéristiques et une plus ou moins grande flexibilité dans ses options de paiements. Le montant emprunté est appelé le capital. À ce capital s'ajoutent des intérêts qui visent à dédommager le prêteur, compte tenu que ce dernier permet d'utiliser ses fonds et qu'il assume donc un certain risque, aussi minime soit-il – il faut dire que les Canadiens sont extrêmement consciencieux quant à leurs versements hypothécaires.

La fréquence des versements hypothécaires

Les prêts hypothécaires sont établis selon un mode de versements réguliers, ce qui signifie que le versement est fait une fois par semaine, une fois par mois, une fois aux deux semaines ou encore deux fois par mois. Par où devez-vous commencer? Vous devez d'abord considérer la fréquence de vos rentrées de fonds. Il est généralement préférable de faire coïncider ses versements hypothécaires avec l'encaissement de sa paie. Ensuite, vous devez savoir qu'en augmentant le nombre de versements par année vous remboursez votre prêt hypothécaire plus rapidement et vous payez moins d'intérêts. En faisant vos versements à toutes les semaines ou aux deux semaines, plutôt qu'une fois par mois, vous réussirez, à la fin de l'année, à rembourser une plus grande somme de votre prêt, sans en avoir véritablement subi les contrecoups.

Conseil : Augmentez la fréquence de vos versements hypothécaires. Des paiements à toutes les semaines ou aux deux semaines peuvent vous permettre d'économiser des milliers de dollars, tout en réduisant la durée de votre prêt hypothécaire.

Maria et Jean font leurs versements hypothécaires aux deux semaines. Ce faisant, ils versent l'équivalent de deux versements additionnels par année, soit vingt-six paiements sur une période de douze mois. Ils retranchent ainsi près de quatre ans sur leur période d'amortissement. Et si l'on fait la comparaison avec un mode de versement mensuel basé sur leur taux d'intérêt actuel de 5,55 %, ils économisent plus de vingt mille dollars. Évidemment, si le taux d'intérêt avait été plus élevé, ils auraient économisé davantage.

Quelques autres définitions importantes

Voyons maintenant certains mots-clés que nous avons utilisés précédemment et qui doivent être bien compris.

La période d'*amortissement* est le nombre d'années nécessaire pour rembourser votre prêt hypothécaire en entier. Lors de la négociation d'un nouveau prêt hypothécaire, cette période est généralement fixée à vingt-cinq ans. La période d'amortissement que vous choisirez aura un impact direct sur le montant de vos versements. Si vous décidez de rembourser votre prêt hypothécaire plus rapidement et, par le fait même, payer moins d'intérêts, la période d'amortissement sera moins longue, mais le montant de vos versements sera plus élevé. Si, par contre, vous avez besoin d'un plus grand jeu dans vos liquidités et que vous préférez payer de plus petits versements, vous devriez alors opter pour la période de vingt-cinq ans.

La *durée* correspond à une période beaucoup plus courte, soit entre six mois et cinq ans, quoiqu'il existe aussi des durées de sept ans, dix ans et même plus. La durée correspond à la période couverte par le contrat de prêt hypothécaire intervenu entre vous et votre prêteur. Le contrat précise le taux d'intérêt et le montant des versements. Une fois la durée échue, vous renouvelez généralement votre prêt hypothécaire en choisissant une nouvelle durée. À l'heure actuelle, comme les taux d'intérêt sont bas et que les prêts hypothécaires d'une durée de cinq ans offrent des taux comparables aux taux de prêts hypothécaires de plus courtes durées, la plupart des Canadiens qui doivent contracter un nouvel emprunt hypothécaire ou faire un renouvellement optent pour de plus longues durées, telles cinq ans. Il est intéressant de remarquer que, nonobstant le niveau des taux d'intérêt au cours des dernières décennies, la majorité des emprunteurs canadiens, et surtout les acheteurs d'une première maison, ont choisi des prêts hypothécaires de plus longue durée (cinq ans, par exemple). Il semble que les gens préfèrent connaître à l'avance le montant des paiements qu'ils auront à verser afin de mieux savoir comment gérer leur argent. Ceux qui en sont à renouveler leur prêt hypothécaire ont tendance à opter pour des prêts de plus courte durée.

> **Conseil :** Optez pour payer les versements les plus élevés possible. Quelques dollars additionnels sur chaque versement peuvent vous permettre d'épargner une somme significative à long terme.

Qu'est-ce qu'une *courbe de rendement* et pourquoi devrais-je m'y intéresser?

La courbe de rendement est la ligne que les économistes tracent sur un graphique pour illustrer les variations des taux d'intérêts (sur obligations) sur des périodes pouvant s'échelonner de trois mois à trente ans. Dans un environnement dit « normal », la courbe de rendement illustre que les taux d'intérêt à court terme sont plus bas que les taux d'intérêt à long terme, étant donné que le risque est moins élevé lorsque le terme est plus rapproché. Le long terme est rempli d'incertitudes et les investisseurs doivent être dédommagés pour le risque encouru sur une longue période. Depuis les trente dernières années, sinon plus, la moyenne des taux d'intérêt s'est manifestée sous la forme d'une courbe de rendement normale.

Une courbe de rendement « inversée » apparaît lorsque les taux à court terme sont plus élevés que les taux à long terme. D'autre part, une courbe de rendement « plate » signifie que les taux sont les mêmes, tant à long terme qu'à court terme.

Mais les courbes de rendement présentent parfois certaines aberrations assez intéressantes. On a constaté des courbes de rendement « inversées » à différentes périodes de l'histoire, tout comme au début des années 1980 (sans doute de façon plus prononcée au cours de l'été 1981), mais ces situations sont relativement rares. Le seul cas où des

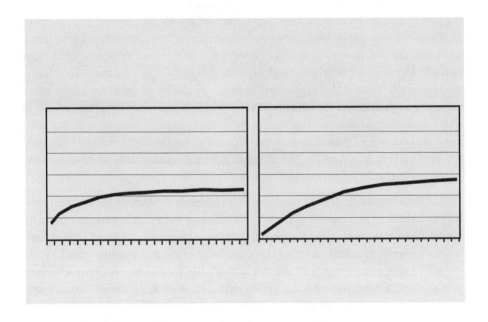

investisseurs à long terme pourraient accepter des taux d'intérêt plus bas que ceux des investisseurs à court terme serait en prévision d'une chute prochaine des taux d'intérêt. Mais la chute prévue devrait être très importante. Si on se reporte au début des années 80, les taux d'intérêt étaient si élevés qu'ils atteignaient des niveaux records considérés alors comme insoutenables; les comptes chèques rapportaient un intérêt de 17 % et les détenteurs de prêts hypothécaires payaient plus de 20 % sur leur emprunt. Le taux de base était de plus de 21 %. Dans un tel contexte, cela coûtait très cher pour obtenir de l'argent à court terme. Quant aux investisseurs qui avaient des investissements à long terme, ils étaient prêts à accepter des intérêts moindres, sachant bien que les taux d'intérêt risquaient de baisser dans les prochaines années et qu'ils seraient gagnants à long terme.

Au sortir de la récession, soit du début au milieu des années 90, on a vu prédominer une courbe de rendement ascendante. Pour qu'il y ait une courbe de rendement ascendante, il faut que la différence entre les taux à court terme et les taux à long terme soit beaucoup plus prononcée que la différence observée sur une courbe de rendement normale. On verra une courbe de rendement ascendante lorsque l'économie semble être sur le point de prendre de l'expansion. Dans un tel cas, les investisseurs à long terme veulent obtenir un meilleur rendement en prévision d'une croissance économique et d'une montée de l'inflation. Une courbe de rendement plate, comme celle que nous avons pu observer à l'aube du nouveau millénaire en janvier 2000, indique, économiquement parlant, qu'il n'est pas plus risqué de geler ses capitaux dans un investissement à long terme que de le faire à court terme.

Il est important de bien comprendre la courbe de rendement, car elle peut avoir un impact majeur sur ce que vous paierez en intérêts sur votre prêt hypothécaire. Nul n'a besoin d'être économiste pour comprendre ce simple modèle et utiliser les indices fournis par la courbe de rendement pour choisir la durée de son prêt hypothécaire. Le point essentiel à retenir est le suivant : comme la courbe de rendement est normale, le taux d'intérêt pour un prêt hypothécaire à court terme (six mois ou un an) sera bas et le taux d'intérêt pour un prêt à long terme (trois ans et plus) sera plus élevé. Ceci étant dit, vous pourriez vous demander pourquoi, dans de telles circonstances, quiconque serait intéressé à s'engager dans un emprunt à long terme. En fait, deux raisons pourraient être à l'origine de cette décision :

–   Il pourrait s'agir d'abord d'un contexte où on retrouve à la fois une courbe de rendement qui est plate et des taux d'intérêt relativement bas. Avec une telle combinaison, être engagé à long terme signifie que vous ne paierez pas plus que vous ne le feriez avec un prêt hypothécaire à court terme, mais que vous bénéficierez d'une entente vous garantissant un bas taux d'intérêt à long terme. Cette solution est particulièrement attrayante lorsqu'on prévoit une hausse des taux d'intérêt.

–   Il vaut mieux opter pour emprunter à long terme si, dans l'éventualité d'une hausse des taux d'intérêt, votre tolérance au risque est faible. Si vous en êtes à l'achat de votre première maison et que votre budget est très serré, vous pourriez éprouver de la difficulté à assumer des versements plus élevés, même dans le cas d'une hausse modérée. En optant pour un prêt hypothécaire d'une durée de cinq ans, vous ne serez pas touché par la fluctuation des taux d'intérêt et vous aurez au moins l'assurance de pouvoir faire face à vos obligations. Au moment de renouveler votre prêt, vos revenus seront peut-être plus élevés, et toutes les dépenses reliées à l'achat d'une nouvelle maison seront loin derrière vous. Ainsi, si les taux d'intérêt augmentent, vous serez en meilleure position pour faire face à des paiements plus élevés.

Les études démontrent que la plupart des propriétaires sont avantagés s'ils optent pour des prêts hypothécaires à court terme. Si on remonte dans le temps, on peut observer que le taux de base était toujours, en moyenne, inférieur de 1 % au taux fixe d'un prêt hypothécaire d'une durée de cinq ans. Mais cela ne signifie pas pour autant qu'un prêt hypothécaire à taux variable, basé sur le taux de base, est toujours mieux qu'un prêt hypothécaire régulier à taux fixe. Bien que le taux variable demeurera probablement inférieur au taux fixe d'un prêt d'une durée de cinq ans, il pourrait aussi augmenter et devenir supérieur au taux fixe que vous pourriez actuellement obtenir pour un prêt hypothécaire de la même durée. Il est en effet pratiquement impossible de prévoir à combien se chiffrera le taux d'intérêt dans cinq ans. C'est en établissant votre profil personnel, y compris votre tolérance au risque (quel niveau de risque devez-vous atteindre pour que cela vous empêche de dormir?) et en tenant compte de vos liquidités que vous arriverez à déterminer ce qui vous convient le mieux.

Il faut penser à vos objectifs, à vos projets et à votre tolérance au risque avant de choisir le type de prêt hypothécaire et sa durée. Si vous planifiez déménager prochainement, il vaut peut-être mieux opter pour un prêt hypothécaire de courte durée. Mais si vous pouvez obtenir un taux très avantageux et que votre prêt hypothécaire est transférable, vous pourriez alors le transférer sur votre nouvelle maison et continuer de profiter de ce taux avantageux jusqu'à l'échéance.

Quelle est la différence entre un taux fixe et un taux variable?

Nous ne pouvons clore la discussion sur les taux d'intérêt sans nous pencher sur la différence entre un taux fixe et un taux variable. Un prêt hypothécaire à taux fixe vous permet de connaître le taux d'intérêt et le montant de votre versement pour la durée du prêt. C'est une option particulièrement intéressante à considérer si les taux actuels vous conviennent et que vous ne tenez pas à être constamment sur un pied d'alerte face à une variation des taux. Les taux variables fluctuent en fonction des taux de base. Ainsi, si les taux baissent, vos paiements d'intérêt baissent aussi. Mais si les taux augmentent, vos paiements d'intérêt augmentent également. Si les taux sont bas ou diminuent, alors un prêt hypothécaire à taux variable pourrait s'avérer la meilleure solution. Les versements d'un prêt hypothécaire à taux variable peuvent être variables ou fixes. Le versement fixe fonctionne comme suit : lorsqu'il y a une baisse du taux d'intérêt, une plus grande portion de votre versement sert à payer le capital; à l'inverse, lorsqu'il y a une hausse du taux d'intérêt, une plus grande portion de votre versement sert à payer les intérêts. Il existe des prêts hypothécaires à taux variable dotés d'un taux plafond. Un tel type de prêt vous permet de profiter à la fois des avantages du prêt à taux fixe et de ceux du prêt à taux variable, car si le taux de base augmente, vous êtes protégé grâce à une limite maximale établie d'avance. Il s'agit d'un prêt hypothécaire avec une marge de sécurité, tel le prêt hypothécaire à taux variable Optimal de la Banque Scotia. Avec la plupart des prêts hypothécaires à taux variable, vous avez la possibilité de vous engager en tout temps dans un prêt hypothécaire fermé à taux fixe.

Supposons maintenant que, lors d'un repas familial, votre sœur ou votre frère n'arrive pas à s'expliquer que le taux de base puisse baisser le même jour que les taux d'intérêt de prêts hypothécaires à taux fixe augmentent. La situation paraît absurde, mais l'est-elle réellement? Expliquons d'abord de quelle façon les coûts de prêts hypothécaires à taux fixe et à taux variable sont établis et vous verrez la différence.

Les *taux variables* fluctuent par rapport au taux de base de votre banque, lequel est fixé en fonction du taux de la Banque du Canada. La Banque du Canada est notre banque centrale et elle agit sans avoir à répondre directement de ses activités devant le gouvernement fédéral. La banque centrale utilise son taux comme outil pour atteindre ses objectifs, soit maintenir l'inflation basse et stable, protéger la valeur du dollar canadien, assurer une stabilité financière et gérer efficacement les fonds gouvernementaux et la dette publique. Notre banque centrale établit la tendance des taux d'intérêt à court terme. Elle a un impact direct sur les taux des prêts hypothécaires et des lignes de crédit à court terme, ainsi que sur les taux payés sur les dépôts et les certificats de placements.

Par contre, les taux de durées fixes, tels les taux des prêts hypothécaires à long terme, sont basés sur le marché des obligations. En général, une obligation est un titre de créance avec promesse de remboursement du capital, avec intérêts. Les obligations sont émises par les gouvernements et les grandes entreprises. Nous avons tous entendu parler des Obligations d'épargne du Canada. Et il ne s'agit là que d'un seul type d'obligation. Le « rendement » d'une obligation est le taux annuel de rendement, exprimé sous forme de pourcentage. Le rendement des obligations peut être volatil et fluctuer en fonction de différents facteurs politiques et économiques, tels l'inflation, le taux de chômage et l'évolution du marché des valeurs mobilières. Les rendements sont de plus en plus influencés par les forces du marché mondial. Les taux des prêts hypothécaires à long terme (trois ans et plus) sont basés sur le rendement des obligations, mais sont moins volatils puisque ce sont les institutions financières qui absorbent les fluctuations quotidiennes du marché, afin que les clients profitent d'un environnement où les taux sont plus stables. En général, lorsque le rendement des obligations est plus élevé, la banque doit assumer des coûts de financement plus importants, ce qui engendre une augmentation des taux fixes à long

terme. À l'inverse, si le rendement des obligations est plus bas, la banque assume \
coûts de financement moins importants, ce qui engendre alors une baisse des taux pou
les prêts hypothécaires à long terme.

Ainsi, les taux à court terme varient en fonction des besoins de la Banque du
Canada, tandis que les taux à long terme varient en fonction du marché des obligations.
La Banque du Canada peut influer sur les taux à long terme, mais elle ne les contrôle pas
directement. C'est donc cette différence dans la façon d'établir les taux qui justifie les
fluctuations des taux à court terme et à long terme, variant parfois à l'unisson et diver-
geant à d'autres moments, surtout en période de récession. Par exemple, quand la Banque du Canada diminue les taux, on observe habituellement une reprise de l'économie et
une croissance, avec des effets qui viendront se matérialiser plus tard. Toutefois, en prévision de la reprise et de la hausse d'inflation qui y est associée, les marchés financiers
réagiront immédiatement et le rendement des obligations augmentera. Comme les taux
des prêts hypothécaires à long terme sont fixés en fonction du rendement des obligations, ils risquent d'augmenter. On pourra ainsi se retrouver dans une situation quelque
peu déroutante, où, à la suite d'une baisse des taux d'intérêt, annoncée par la Banque du
Canada, surviennent simultanément une diminution des taux variables et une augmentation des taux fixes de prêts hypothécaires à long terme.

Les intérêts composés

Le calcul des intérêts composés est un facteur à considérer au moment de choisir
votre prêt hypothécaire. Pour la plupart des prêts hypothécaires conventionnels à taux
fixe, les intérêts sont composés à tous les six mois ou semestriellement. En général, dans
le cas des prêts hypothécaires à taux variable, les intérêts sont composés mensuellement.
Plus les intérêts sont composés souvent et plus il vous en coûtera. Il est donc important
de bien vérifier les possibilités qui s'offrent à vous. Demandez à votre prêteur hypothécaire de comparer le prêt hypothécaire qu'il vous propose – en considérant ses caractéristiques, ses avantages et son coût – aux prêts hypothécaires semblables, offerts par les
compétiteurs, afin de réellement connaître la valeur de votre prêt. Vous pouvez également faire des comparaisons par le truchement d'Internet. Vous prendrez ainsi de meilleures décisions et vous ferez des économies.

Vous vous sentez peut-être dépassé par le nombre de décisions à prendre au moment d'acheter une maison et de choisir un prêt hypothécaire. La meilleure solution, et
peut-être aussi la plus facile, est de fractionner votre prêt hypothécaire en quelques tran-
ches et diversifier votre mode d'emprunt en utilisant différentes options. Par exemple, si
vous avez un prêt hypothécaire de 150 000 $, vous pourriez faire comme suit : Emprun-
ter la moitié, ou 75 000 $ par le biais d'un prêt à taux fixe pour une durée de cinq ans, ce
qui vous donnerait une certaine tranquillité d'esprit. Puis, vous pourriez diviser le reste
en deux, pour emprunter une tranche de 37 500 $ par le biais d'un prêt d'une durée de
six mois renouvelable et l'autre tranche de 37 500 $ par le biais d'un prêt hypothécaire à

taux variable pour une durée de trois ans. Il s'agit en fait d'un prêt hypothécaire éche-
lonné. En réalité, les Canadiens ont souvent recours à ce concept d'échelonnement
d'échéances pour assurer une diversification de leur CPG, mais bien peu l'utilisent dans
le cadre d'un prêt hypothécaire. Cette approche est aussi avantageuse à l'échéance, compte
tenu que ce n'est pas votre prêt hypothécaire en entier qui est touché par le taux d'intérêt
en vigueur. Bref, vous êtes protégé tout en pouvant profiter des taux d'intérêt à court
terme. La diversification est un principe important qui s'applique aussi bien en matière
d'emprunt qu'en matière d'investissement. En optant pour différents types de prêts hypothécaires et en échelonnant les échéances, vous diversifiez votre risque et minimisez
vos coûts d'intérêts. Ce type de programme n'est pas nécessairement offert dans toutes
les institutions financières, mais on le retrouve, entre autres, à la Banque Scotia.

Autres précisions sur les prix

Méfiez-vous des taux de lancement qui semblent très bas, mais qui augmentent
rapidement après quelque temps. Demandez à votre prêteur le taux annuel en pourcentage (TAP) réel pour la durée complète de votre prêt hypothécaire, afin de connaître le
véritable taux d'intérêt qui vous attend en bout de ligne. Ainsi vous pourrez évaluer avec
plus de justesse les différentes options de prêts hypothécaires. La qualité de votre relation
avec votre prêteur ou créancier hypothécaire est un autre facteur important qui peut
influencer le prix de votre prêt. Depuis une bonne vingtaine d'années, les institutions
financières offrent souvent des rabais sur les taux de prêts hypothécaires; la relation que
vous avez avec votre prêteur aura un impact sur l'importance du rabais que vous pourrez
recevoir.

Nos derniers commentaires à propos des prix ressemblent davantage à une mise
en garde : *le prix ne doit pas être le seul élément à considérer pour faire le choix de votre prêt
hypothécaire*. Il en va véritablement de votre intérêt de bien évaluer votre prêt hypothécaire en comparant les caractéristiques du prix à payer. (Vous faites déjà l'exercice au
supermarché. Vous savez que les mets préparés sont plus coûteux, mais vous les achèterez
si vous jugez que l'économie de temps vous est profitable.) Par exemple, un prêt hypothécaire à taux variable offrant la garantie d'un taux plafond est nettement plus avantageux qu'une réduction de 25 ou 50 points de base sur votre taux. Il faut donc bien
évaluer la qualité et la valeur des caractéristiques du prêt hypothécaire et non pas considérer uniquement le prix. Les prêteurs doivent se montrer compétitifs pour attirer la
clientèle, mais c'est à vous qu'il revient d'aller au-delà des apparences.

Conseil : L'option de remboursement anticipé vous permet, de temps à autre, de
verser une somme supérieure à celle de vos versements réguliers. Le montant additionnel versé vient directement réduire le solde de votre prêt hypothécaire ainsi que la durée de votre période d'amortissement.

Comment choisir un prêt hypothécaire?

En supposant que vous en êtes au stade d'acheter une maison ou encore de renouveler la durée de votre prêt hypothécaire, voici les questions à vous poser :

– Quelles sont vos connaissances en matière d'emprunt hypothécaire? Il est à espérer que vous en savez maintenant un peu plus long qu'au début du livre. En présumant que vous ayez compris tout ce que vous avez lu jusqu'à maintenant, nous évaluerons votre niveau de connaissances comme étant « au-dessus de la moyenne », mais pas nécessairement « expert ».

– Que désirez-vous obtenir de vos emprunts? Voulez-vous avoir un accès continu à des sources de financement? Ou tenez-vous à rembourser votre prêt hypothécaire aussi vite que possible?

– Croyez-vous pouvoir effectuer des remboursements additionnels sur votre prêt hypothécaire à tous les ans?

– Êtes-vous du genre à ne pas vous tenir au courant des taux d'intérêt en vigueur, ou à y porter attention de temps à autre, ou encore à les surveiller de très près? Vos réponses à ces questions vous permettront d'identifier votre seuil de tolérance face au risque.

– Connaissez-vous l'impact d'une hausse des taux d'intérêt sur vos paiements?

– Dans quelle situation seriez-vous si vos versements devaient augmenter?

– Combien de temps prévoyez-vous demeurer dans votre maison actuelle? Moins de deux ans? De trois à cinq ans? Plus de cinq ans?

À l'aide des réponses apportées à ces questions, il est possible de déterminer le type de prêt hypothécaire et la durée qui conviendraient le mieux à vos besoins. Si vous êtes assez bien informé, que vous connaissez les taux d'intérêt en vigueur et que l'état de vos liquidités vous permet de faire face à une hausse (ou à une fluctuation) des taux d'intérêt, vous pourriez alors être davantage intéressé par un prêt hypothécaire à court terme ou à taux variable. Par contre, si votre tolérance au risque est faible, donc que vous pourriez avoir de la difficulté à faire face à une hausse des taux, et que vous prévoyez demeurer dans votre maison longtemps, alors un prêt hypothécaire à taux fixe de plus longue durée vous permettrait sans doute de dormir plus tranquille.

Il existe une façon de profiter des avantages d'un prêt hypothécaire à taux variable avec un taux d'intérêt qui s'ajuste en fonction du taux de base, sans toutefois s'exposer au risque d'une hausse potentielle du taux, tel que mentionné plus tôt. Demandez à votre prêteur si son prêt hypothécaire à taux variable a un taux plafond. Ce type de prêt hypothécaire vous permet d'obtenir un taux qui varie en fonction du taux de base, mais vous protège contre une hausse importante des taux d'intérêt et contre les paiements plus élevés qui en résulteraient.

Si, vous pensez pouvoir bénéficier de temps en temps de revenus supplémentaires, sous la forme de primes, de commissions, de remboursement d'impôt, vous devriez alors choisir un prêt hypothécaire qui vous permet d'effectuer facilement des remboursements anticipés. Un tel privilège a autant sinon plus d'impact sur la rapidité du remboursement de votre prêt hypothécaire qu'un mode de versement hebdomadaire ou à toutes les deux semaines. Également, si votre revenu varie au cours de l'année, vous pourriez alors doubler vos versements à certaines périodes et sauter certains versements plus tard, profitant ainsi d'une grande flexibilité dans la gestion de votre argent.

Si vous vous apprêtez à contracter un nouveau prêt hypothécaire ou à renouveler votre ancien, vous devriez alors fournir à votre prêteur les réponses aux questions précédentes. Il pourra ainsi vous aider à choisir le prêt hypothécaire qui réponde le mieux à vos besoins.

L'Association des banquiers canadiens présente une liste de vérification pour le choix d'un prêt hypothécaire

Lorsque vous comparez les conditions des divers prêteurs, déterminez les caractéristiques les plus importantes pour vous, et prenez note de ce que chaque prêteur a à vous offrir. Voici quelques exemples d'éléments à prendre en considération :

– Les types de prêts hypothécaires disponibles pour le montant dont vous avez besoin.

– Le taux d'intérêt et la période de temps pendant laquelle le taux s'applique.

– Ce que couvre le versement périodique. Couvre-t-il le capital et l'intérêt seulement? Sert-il à payer d'autres frais comme les taxes foncières ou les primes de l'assurance exigée par l'État?

– Les options de remboursement anticipé, de remboursement, de renégociation et de renouvellement, de même que tous frais associés à ces options.

– Toute restriction s'appliquant à la maison ou à la propriété. Faut-il obtenir l'approbation du prêteur pour apporter des changements à l'usage de la propriété pendant que vous en êtes propriétaire ou lorsque vous désirez la vendre?

– Les frais, le cas échéant, exigés par le prêteur à l'égard de l'établissement ou du renouvellement du prêt hypothécaire, ou de la libération de l'hypothèque?

– Les autres caractéristiques, modalités et options.

– La réputation générale du prêteur.

Certaines caractéristiques et conditions additionnelles peuvent inclure la possibilité de payer par anticipation. Si vous avez la chance de recevoir une prime annuelle ou un remboursement d'impôt, vous pourriez envisager la possibilité de l'utiliser pour rembourser votre prêt hypothécaire. Vous pourriez avoir la possibilité de rembourser un certain pourcentage du montant en capital originalement accordé en vertu de votre prêt hypothécaire, et ce, en tout temps et pour chacune des années de la durée, quoique certains prêteurs limitent les paiements anticipés à la date exacte de l'anniversaire de votre prêt; si vous ratez votre chance, vous devrez donc attendre à l'année suivante. Également, vous pourriez avoir le droit, une fois par année, d'augmenter le montant de votre versement périodique régulier. Toutes les sommes additionnelles que vous versez pendant la période de votre prêt hypothécaire servent à payer le solde en capital. Vous pouvez ainsi rembourser votre prêt plus rapidement et payer moins d'intérêts. Certains prêteurs offrent la possibilité de doubler le versement régulier, à n'importe quelle date prévue pour un versement périodique et ce, sans frais ni pénalité de remboursement anticipé. L'option est d'autant plus intéressante si vous avez également la possibilité de « sauter un paiement ». Si vous vous sentez un peu serré, vous pouvez alors sauter un versement, le tout pour un montant ne devant pas excéder la somme totale des versements additionnels que vous avez faits pendant la période de votre prêt hypothécaire. Il est donc important de considérer toutes ces possibilités intéressantes qui, à long terme, peuvent s'avérer beaucoup plus avantageuses qu'un simple rabais sur le taux du prêt hypothécaire.

Profitez de l'avantage d'un prêt hypothécaire avec possibilité de remboursement anticipé :

Ce tableau démontre les avantages que représente un prêt hypothécaire de 100 000 $ à un taux d'intérêt de 6 % avec une option de remboursement anticipé

	Sans remboursement anticipé	Un seul remboursement anticipé de 15 % fait au début de la première année du prêt hypothécaire	Versements mensuels augmentés de 15 %
Versement mensuel	639,81 $	639,81 $	735,78 $
Nombre d'années de remboursement du prêt hypothécaire	25 ans	18 ans et 1 mois	18 ans et 10 mois
Estimation des frais d'intérêts épargnés pendant la durée de vie du prêt hypothécaire	S/O	38 312,51 $	25 810,80 $

En conclusion : Les prêts hypothécaires ne sont pas tous identiques. Si vous avez un prêt hypothécaire qui répond bien à vos besoins, vous profiterez davantage du confort et de la sécurité que votre maison est sensée vous procurer. Si vous désirez consulter une liste plus complète des prêts hypothécaires et des termes relatifs au domaine de l'emprunt, vous pouvez consulter le glossaire à la fin du livre.

Quand doit-on casser son contrat : faut-il renégocier, combiner et prolonger, et renouveler avant la fin de la durée?

Avec la baisse marquée des taux d'intérêt, bien des gens songent à renouveler leur prêt hypothécaire avant terme. Mais casser son contrat de prêt hypothécaire n'est pas aussi simple qu'on pourrait le croire. Il s'agit après tout d'un contrat avec des avantages et des obligations pour les deux parties qui se sont ainsi engagées. Ceci étant dit, vous avez tout de même certaines options et c'est pourquoi vous devez bien lire toutes les mentions qui apparaissent en petits caractères sur le contrat de prêt hypothécaire que vous avez signé avec votre prêteur. À cet effet, nous clarifierons les points suivants :

Un *contrat de prêt hypothécaire ouvert* est totalement ouvert et il permet le remboursement complet, en tout temps, ainsi que la possibilité de renégocier son prêt, sans pénalité. En raison de cet avantage, les prêts hypothécaires ouverts ont généralement des taux plus élevés. Il y a, entre autres, un prêt hypothécaire ouvert à taux variable en fonction du taux de base, qui connaît une assez grande popularité. Toutefois, les prêts hypothécaires liés au taux de base ne sont pas tous ouverts. Vous devez donc bien vérifier les termes du contrat que vous avez signé.

Un *contrat de prêt hypothécaire fermé* se résume à ceci : il est fermé. Il représente un engagement entre vous et le prêteur pour la durée du prêt hypothécaire. Avec un prêt hypothécaire fermé, le propriétaire obtient du prêteur son engagement que le taux d'intérêt et le montant des versements resteront les mêmes pour la période prévue au contrat et ce, même s'il y a une augmentation des taux d'intérêt. Vous vous engagez cependant à faire tous vos versements pendant la période établie, sous réserve des possibilités de remboursement par anticipation qui pourraient être prévues au contrat. Le prêt hypothécaire fermé peut comporter une option de renouvellement anticipé (soit avant la fin de la durée), mais à un certain coût.

Le *renouvellement anticipé* consiste à casser la durée de votre contrat actuel pour établir une nouvelle durée avec un nouveau taux d'intérêt et des nouveaux montants de versements. La pénalité qui est la plus souvent appliquée dans le cas de renouvellement anticipé est le paiement de trois mois d'intérêt, calculé sur le solde actuel de votre prêt hypothécaire à votre taux d'intérêt actuel pour une période de trois mois. Une autre pénalité fréquente est appelée le « différentiel du taux d'intérêt » (DTI). Le DTI est la différence entre le taux d'intérêt prévu à votre contrat de prêt hypothécaire et le taux d'emprunt actuel pour la période qui reste à courir sur votre prêt hypothécaire. La pénalité en cas de renouvellement anticipé correspond, la plupart du temps, au montant le plus élevé entre le DTI ou la pénalité de trois mois d'intérêt, en tenant compte de la période qui reste à courir avant l'échéance de la durée du prêt hypothécaire.

Certains prêteurs offrent la possibilité de « combiner et prolonger ». Il s'agit d'une option intéressante, car elle vous permet de prendre le taux d'intérêt de votre prêt hypothécaire actuel et de le combiner à un taux actuel plus bas, pour prolonger ensuite la période du prêt avec ce nouveau taux combiné plus bas, qu'on appelle *taux pondéré*. Et il n'y a pas de pénalité quant aux intérêts. Mais vous continuez à honorer les obligations prévues à votre contrat actuel. Vous ne faites que diminuer votre taux, et vos paiements, en utilisant le coût d'intérêt pondéré entre votre contrat actuel et la nouvelle durée. Si on vous offre la possibilité de le faire et que vous pouvez ainsi économiser davantage et profiter d'un meilleur taux plus longtemps, il s'agit là d'une excellente affaire!

Conseil : Si vous croyez que les taux d'intérêt sont susceptibles d'augmenter, faites le renouvellement anticipé de votre prêt et engagez-vous de façon à payer un taux plus bas pour éviter une augmentation potentielle de vos versements.

Certaines personnes soutiennent qu'on devrait leur accorder un rabais sur le taux lors d'un renouvellement anticipé, car un peu de magasinage auprès des compétiteurs leur aurait certainement permis d'obtenir un rabais substantiel ailleurs. Mais les gens oublient souvent que le contrat est « fermé » pour une période déterminée. Ils avaient la possibilité de magasiner avant la signature du contrat, ils l'auront aussi à l'échéance de leur prêt, mais ils ne sont pas présentement dans la même position.

Si vous en êtes aux six derniers mois d'un prêt hypothécaire qui avait été conclu pour une durée relativement longue, votre prêteur vous donnera sans doute toute la flexibilité voulue pour renouveler votre prêt avant la fin de la durée, sans pénalités ni conditions. Cependant, tout dépend de votre prêteur et, surtout, de la relation que vous avez avec lui. Si vous trouvez que les taux sont bas et que votre prêt hypothécaire doit être prochainement renouvelé, discutez avec votre prêteur des possibilités qui s'offrent à vous.

Par contre, si vous prévoyez transférer votre prêt hypothécaire d'un prêteur à un autre, la conversation sera entièrement différente. À quel genre de pénalité d'intérêts devez-vous alors vous attendre comme « frais de sortie » de votre contrat? Le déboursé pour la pénalité, tel que décrit précédemment, est calculé selon le montant le plus élevé entre le DTI et la pénalité de trois mois d'intérêt. Si votre prêt hypothécaire a été conclu il y a moins de trois ans, vous pourriez aussi devoir payer des frais d'administration qui pourraient atteindre la somme de 200 $. Vous devrez aussi ajouter des frais de 150 $ à 180 $ pour la mainlevée d'hypothèque. Également, si vous avez reçu une remise en espèces à titre d'avantage au début de votre prêt hypothécaire, le prêteur récupérera alors la remise en espèces au prorata; il s'agit ici de la clause de *récupération* qui se rattache à l'option de remise en espèces. Vous devrez normalement payer les frais juridiques et les frais d'inscription d'hypothèque reliés à la constitution d'un nouveau prêt hypothécaire avec votre nouveau prêteur. Bref, il s'agit d'une démarche qui peut s'avérer coûteuse et il faut donc faire ses calculs à l'avance. Plus l'échéance de votre prêt est rapprochée, et moins il vous en coûtera pour faire un renouvellement anticipé. Dans le cas contraire, pour réaliser une réelle économie, il doit y avoir une diminution particulièrement importante entre le taux que vous payez maintenant et celui que vous croyez pouvoir obtenir en renouvelant avant la fin de la durée et en changeant de prêteur.

La renégociation de votre prêt hypothécaire

Si vous désirez renégocier votre prêt hypothécaire parce que vous avez besoin d'argent pour financer un projet, ou parce que vous voulez acheter un autre immeuble, plusieurs moyens particulièrement efficaces sont maintenant à la disposition des propriétaires et ce, dans la plupart des provinces. Si vous croyez ne pas avoir besoin de conseils juridiques quant à cette transaction, des programmes vous sont alors offerts pour renégocier d'une manière efficace et peu coûteuse la dette d'un prêt hypothécaire, que la garantie porte sur une résidence ou sur une ferme, sans que les services d'un conseiller juridique ne soient requis. La dette d'un prêt hypothécaire existant et dûment inscrit peut être renégociée en utilisant le *financement immédiat*, soit à l'échéance, soit à mi-durée. Le financement immédiat (qui nécessite une assurance-titre) permet que les fonds soient remis à l'emprunteur dès la signature des actes de prêts hypothécaires, soit à la succursale ou à un autre endroit plus pratique. Le financement immédiat est un service disponible à un coût raisonnable pour la mainlevée et la réinscription des actes de prêts hypothécaires et il s'avère particulièrement avantageux, car il permet un déboursement immédiat des fonds. Le financement immédiat peut être la solution toute trouvée si vous voyez que la maison de campagne de vos rêves est soudainement mise sur le marché, ou quand vous décidez, finalement, d'agrandir votre maison.

Le financement immédiat est-il toujours accessible? Quoique la plupart des situations soient simples et permettent d'y recourir, il y a toujours des exceptions, dont les situations suivantes :

–   Des transactions pour un nouvel achat.

–   Avances échelonnées pour la construction ou la rénovation.

–   En cas de procuration, pour l'un des emprunteurs.

–   Quand l'un des emprunteurs est une société de capitaux.

–   Si le titre de propriété change (par exemple, s'il y a ajout, retrait ou changement d'un nom).

–   Si une succession est impliquée.

Si vous prévoyez avoir besoin d'une importante somme d'argent, discutez-en toujours avec votre prêteur. Plusieurs possibilités intéressantes pourraient s'offrir à vous.

Le prêt relais

Un prêt relais est une solution d'emprunt spéciale pour les clients impliqués à la fois dans la vente et l'achat d'une maison. Il offre des possibilités de financement à court terme pour le propriétaire désireux d'acheter une nouvelle maison, mais qui n'a pas encore conclu la vente de sa maison actuelle. Comment le prêt relais fonctionne-t-il? Une fois votre nouvelle maison achetée, vous bénéficiez généralement d'un délai d'environ trois mois pour compléter la vente de votre immeuble actuel. Il s'agit d'une solution rassurante dans l'éventualité où vous trouvez la maison de vos rêves, tandis que vous venez tout juste de mettre votre maison en vente. Il s'agit aussi d'une bonne solution si vous désirez effectuer des travaux de rénovation dans votre nouvelle maison avant d'y emménager. Il peut être parfois agréable de reporter de quelques jours ou d'une semaine la date de clôture de votre transaction afin de bien nettoyer la nouvelle maison avant l'arrivée des déménageurs. Un prêt relais peut donc vous donner quelques jours de flexibilité et vous procédez à son remboursement, avec intérêts, une fois la vente de votre maison actuelle complétée.

Vous avez besoin d'un peu plus de précisions? En fait, il n'est pas si terrible d'assumer ainsi les obligations de deux prêts hypothécaires pour la période de relais. Vous ne faites qu'emprunter la valeur nette de votre maison existante, puisque les fonds additionnels dont vous avez besoin vous sont déjà remis en vertu de votre nouveau prêt hypothécaire. Et vous utiliserez cette valeur nette pour votre nouvelle maison dès que votre maison actuelle sera vendue. Il s'agit donc d'un arrangement financier provisoire peu coûteux qui vous procure une certaine flexibilité. L'exemple suivant illustre bien la situation :

Sandor et Alya sont maintenant prêts à acheter leur nouvelle maison de 300 000 $. Ils auront besoin d'un premier prêt hypothécaire au montant de 150 000 $. Des 150 000 $ restants, ils verseront une somme de 30 000 $ à partir de leurs épargnes. Les autres 120 000 $ seront payés à même le produit net de la vente de leur maison actuelle. Puisque seule la somme de 120 000 $ sera manquante lorsque Frédéric et Samira seront prêts à conclure l'achat de leur nouvelle maison, ils auront besoin d'un prêt relais de 120 000 $ pour quelques mois.

Voici ce qui leur en coûtera. La plupart des institutions financières demande le paiement d'une somme d'environ 250 $ pour la constitution du dossier ou pour les frais d'administration. Le taux d'intérêt habituel correspond au taux de base, plus 2 %. Sandor et Alya doivent donc s'attendre à payer un taux d'intérêt d'environ 6,5 % (si le taux préférentiel est de 4,5 %) sur un montant de 120 000 $ pour trois mois, ce qui totalise, en ajoutant les frais, une somme approximative de 2 200 $.

Mise en garde : Pour effectuer un prêt relais, les prêteurs exigent que les offres d'achat finales de l'ancienne maison et de la nouvelle maison soient toutes deux signées (toutes les conditions devront avoir été levées). Cette exigence pourra vous empêcher d'avoir accès au crédit relais si vous avez acheté la nouvelle maison sans avoir vendu votre maison actuelle. Soyez donc bien informé des possibilités qui s'offrent à vous avant d'acheter une nouvelle maison, sans que votre maison actuelle ne soit déjà vendue. Il s'agit d'une situation où la clause prévoyant que « l'offre est conditionnelle à l'obtention du financement » pourrait s'avérer primordiale.

Et si je me construis une nouvelle maison?

Si vous construisez une nouvelle maison et qu'il vous faut un prêt hypothécaire pour financer la construction, la plupart des prêteurs utilisent alors le *prêt hypothécaire à avances échelonnées.* Il s'agit d'un prêt dont les fonds sont versés progressivement à différentes étapes, selon le coût total de la construction de la maison et selon l'avancement des travaux. Avant de commencer la construction, vous devriez demander à votre prêteur une estimation des montants que vous pourrez recevoir au fur et à mesure de l'avancement des travaux. Cette estimation vous permettra de bien comprendre le mode de versements progressifs, de bien gérer vos besoins en liquidités, et de planifier adéquatement le projet avec votre constructeur.

Et si j'achète une maison neuve vendue par un constructeur?

Si vous achetez une maison neuve d'un constructeur, vous pourriez alors profiter de taux d'intérêt très avantageux offerts par un prêteur se trouvant sur place. Les taux d'intérêt reliés aux prêts hypothécaires offerts par le biais des constructeurs sont généralement très compétitifs et sont souvent offerts pour une longue période, habituellement jusqu'à ce que vous preniez possession de votre nouvelle maison. Le prêt hypothécaire offert par le biais du constructeur pourra vous protéger contre une hausse des taux d'intérêt si le délai de la prise de possession est retardé (ce qui est fréquent), le constructeur pouvant garantir le taux jusqu'à la clôture de la vente. Vous devez néanmoins suivre vos affaires de près. Prenez soin de bien lire les mentions inscrites en petits caractères au contrat de prêt hypothécaire de votre constructeur. Il est évidemment aussi important de comparer les possibilités offertes par votre constructeur avec les possibilités offertes par votre propre institution financière, afin que vous soyez certain de bien choisir le prêt hypothécaire qui correspond véritablement à vos besoins.

Le financement des rénovations

Pour bien des Canadiens, la hausse des prix sur le marché immobilier combinée au bas taux d'intérêt a rendu beaucoup plus attrayante l'idée de rénover. Il s'agit d'une solution particulièrement intéressante si on apprécie le voisinage et les services à proximité. Statistiques Canada et les rapports de la SCHL indiquent que les Canadiens dépensent maintenant plus de trente milliards de dollars par année pour les réparations, les améliorations et les rénovations apportées à leurs maisons, avec les propriétaires de la Colombie-Britannique et du Québec en tête de file. Vous comprenez maintenant pourquoi tant de magasins de matériaux de rénovation font leur apparition!

Que vous vouliez finir le sous-sol, ajouter un autre étage, rénover une vieille salle de bains, voici quelques conseils de base avant d'entreprendre des rénovations :

– Vérifiez la réglementation municipale. Les règlements pour la construction et la rénovation d'immeubles varient d'une municipalité à l'autre. Vous devez vous assurer que vos projets de rénovation sont conformes aux règlements de votre municipalité. Avant de commencer, contactez l'hôtel de ville afin de vous informer sur les permis de construction que vous devez obtenir.

– Soyez réaliste quant à l'ampleur de votre projet. Que vous ayez l'intention de compléter les travaux de rénovation vous-même ou de les faire faire par un entrepreneur, vous devez planifier votre projet avec soin. Soyez particulièrement vigilant si vous devez quitter temporairement les lieux pendant l'exécution des travaux, car les frais d'hébergement peuvent augmenter assez vite. Assurez-vous d'avoir suffisamment de temps et d'argent pour compléter le projet.

– Faites vos vérifications avant d'engager un entrepreneur. Si vous engagez un entrepreneur qualifié pour votre projet de rénovation, il est important que vous ayez confiance en ses capacités de mener le projet à terme. Informez-vous. Les amis, la famille et les voisins peuvent vous aider à trouver un bon entrepreneur. Si un de vos voisins a profité des services d'un entrepreneur compétent lors de la réalisation d'un projet similaire au vôtre, vous pourriez alors faire appel à ses services et réduire vos chances d'avoir de mauvaises surprises. Et n'hésitez pas à demander des références; les entrepreneurs sont habituellement très fiers de vous en fournir quelques-unes. Ce pourrait être aussi une bonne chose de vérifier si votre entrepreneur a fait l'objet d'une plainte auprès du Bureau d'éthique commerciale.

– Ne vous engagez pas dans des travaux démesurés. Avec des taux d'intérêt aussi bas, la rénovation est une bonne solution pour les propriétaires, mais en ce qui a trait au financement, il vaut mieux en discuter avec votre prêteur pour trouver ce qui vous convient. Ce pourrait être une ligne de crédit personnelle, la renégociation de votre prêt hypothécaire ou une solution d'emprunt plus détaillée. Peu importe le mode de financement que vous choisirez, soyez réaliste face au montant que vous pouvez emprunter et face à votre capacité de le rembourser. Vous pourriez compléter certains travaux vous-même ou réaliser votre projet en plusieurs étapes, que vous accomplirez graduellement en fonction de votre budget.

Il est important de protéger la valeur de votre investissement. Il faut donc vous organiser avant de vous lancer dans quelque projet de rénovation que ce soit.

L'Association canadienne des constructeurs d'habitation rapporte les tendances suivantes dans le secteur de la rénovation domiciliaire :

- Des habitations « deux-générations », que ce soit pour les enfants qui restent à la maison plus longtemps ou pour les parents plus âgés.

- Des améliorations mineures, telles les poignées de porte en bec-de-cane, les mains courantes, un revêtement de sol antidérapant.

- Le bureau à la maison, avec des postes de travail intégrés, étagères et espaces de rangement.

- Une chaîne audiovisuelle domestique, avec toute la panoplie de gadgets électroniques, une isolation acoustique et des étagères sur commande.

- Solarisation, isolation et système de chauffage à haute efficacité, fenêtres, électroménagers et appareils d'éclairage pouvant être améliorés pour réduire la facture d'énergie.

- Amélioration de la qualité de l'air à l'intérieur de la maison avec un système de ventilation ou des produits de réduction de polluants dans l'atmosphère.

- Une maison sûre, avec un système d'alarme et un détecteur de mouvement intérieur et périmétrique afin d'accroître la sécurité de votre famille et de vos biens.

L'assurance-crédit

Comme il s'agit d'un investissement fort important, votre maison devrait être protégée pour assurer le bien-être de votre famille. Bien que vous ne vouliez pas être couvert à l'excès par des polices d'assurance – surtout pour les coûts que cela vous occasionnerait – il est néanmoins important que vous ayez une couverture d'assurance suffisante pour protéger votre famille si vous étiez touché par la maladie ou en cas de décès. L'assurance-crédit est une façon abordable d'obtenir une telle protection. La forme d'assurance-crédit la plus utilisée est celle qui offre au débiteur hypothécaire, c'est-à-dire, vous, la protection « assurance-vie », qui rembourse le solde de votre prêt hypothécaire, y compris capital et les intérêts, advenant votre décès avant le remboursement complet du prêt.

Plusieurs autres types d'assurances-crédit sont apparus sur le marché au cours des dix dernières années pour les propriétaires détenteurs de prêts hypothécaires, dont la protection « maladie grave ». Cette protection peut être utilisée de votre vivant et elle assurera le remboursement du solde de votre prêt hypothécaire si vous souffrez d'une maladie précisément décrite dans votre contrat d'assurance. Si, par exemple, vous subissez une crise cardiaque, le solde de votre prêt hypothécaire sera remboursé (que vous soyez ou non en mesure de retourner travailler). Vous pourrez donc concentrer vos énergies à recouvrer la santé.

Les primes de l'assurance-crédit sont établies selon votre âge et selon le montant de couverture dont vous avez besoin (qui est le montant du solde hypothécaire au moment de votre demande d'assurance). Plus vous êtes jeune lors du dépôt de votre demande et moins les primes seront élevées. Vous pouvez consulter le site Internet de votre banque pour en savoir davantage.

L'assurance-vie hypothécaire est une autre option particulièrement intéressante à envisager. Il s'agit d'un excellent choix si vous êtes jeune et que vos responsabilités financières pourraient se transformer en véritable fardeau pour votre famille sans l'apport de votre revenu. Même si vous n'avez pas de personne à charge, l'assurance-vie hypothécaire garantira le paiement du solde de votre prêt à la liquidation de votre succession. Si vous êtes déjà couvert par un régime d'assurance individuel, vous pourriez alors avoir suffisamment d'assurance-vie et vous êtes en fait le mieux placé pour le savoir. Certaines personnes s'organisent pour que l'assurance-vie hypothécaire serve à rembourser leur dette – soit le solde du prêt hypothécaire – et que leur police individuelle serve à remplacer leur revenu. Si vous avez besoin d'une couverture d'assurance pour un montant supérieur au solde de votre prêt hypothécaire, il serait bien d'en discuter avec un assureur.

Les cotes, les pointages et les rapports de crédit

Si vous envisagez ne pas lire cette section parce qu'elle vous semble plus ou moins intéressante, détrompez-vous. Vous y trouverez plusieurs points importants qui devraient faire partie de votre bagage de connaissances.

• Nombreux sont les Canadiens qui admettent ne pas savoir ce qu'est un rapport de crédit et ce qu'il contient.

• Comme la plupart des gens empruntent, il est essentiel de bien comprendre le fonctionnement des rapports de crédit. Peut-être pourrez vous éviter ainsi les mauvaises surprises en découvrant le taux d'intérêt de votre carte de crédit le mois prochain.

Nous vous donnerons également quelques conseils qui vous permettront d'améliorer votre cote de crédit.

Le bureau de crédit

Avant de nous concentrer sur les cotes et les pointages de crédit, des notions qui peuvent sembler nébuleuses, nous parlerons du bureau de crédit en tant que tel.

En Amérique de Nord, au début de la colonie, les marchands qui s'occupaient de leur magasin général dans les villages faisaient crédit à leurs clients et le suivi des dettes était assuré à l'aide de petites notes écrites à la main. Mais à partir du milieu des années 1800, avec l'essor des communautés et le développement du commerce, ceux qui faisaient crédit ont manifesté le désir d'accéder aux renseignements de crédit détenus par le magasin général afin de prendre des décisions plus éclairées. Quelqu'un décida alors de réunir ces notes de crédit, ou ces rapports, pour les rendre accessibles en un seul et même endroit à tous ceux qui faisaient crédit. Le premier bureau de crédit venait d'être créé.

Le rôle du bureau de crédit s'est amélioré au fil des ans, grâce à plusieurs innovations. L'avènement de la machine à écrire permit de rendre les rapports de crédit plus précis ou, à tout le moins, plus faciles à lire. Le papier carbone facilita la copie des documents et le partage de renseignements. Avec les avancées technologiques, il devint possible de faire la saisie des données à l'ordinateur puis, bientôt, de profiter de l'avènement du modem (même sous sa forme primitive d'il y a 25 ans). L'accès à ces renseignements par téléphone améliora grandement l'efficacité du système, tout comme l'usage du télécopieur qui permit l'envoi rapide de rapports écrits aux personnes concernées. Les progrès technologiques subséquents permirent aux bureaux de crédit d'offrir une plus large gamme de services. Aujourd'hui, les services offerts par les bureaux de crédit sont bien loin de ceux offerts à l'époque par le commis du magasin général qui donnait ses références à partir de bouts de papier. Les renseignements sont maintenant partagés à l'échelle mondiale et sont transmis si rapidement que les décisions d'affaires peuvent être prises en termes de secondes ou de minutes plutôt qu'en termes de jours ou de semaines. Grâce à l'accès en ligne, ceux qui font crédit peuvent facilement fournir des mises à jour au bureau de crédit afin d'assurer l'exactitude de votre rapport. Le bureau de crédit est très réceptif aux demandes de renseignements. Les renseignements qui sont partagés servent non seulement aux transactions à crédit, mais également à identifier des fraudes potentielles, permettant ainsi de protéger vos transactions financières. Les bureaux de crédit ont maintenant un rôle essentiel dans les transactions financières impliquant les consommateurs et les commerçants.

À l'heure actuelle, il y a au Canada deux bureaux de crédit importants : Equifax et Trans Union. Ce sont des entreprises internationales qui font affaire ici, selon nos lois et règlements. Equifax est en affaires depuis près de cent ans et déclare que son objectif est de « fournir des pratiques supérieures en matière d'information, dignes de la confiance du public ». La confiance dans les pratiques d'intégrité et de confidentialité est primordiale dans la gestion d'un bureau de crédit, tant du point de vue des consommateurs que des entreprises qui participent au partage des renseignements. Nous dépendons tous d'entreprises telles Equifax ou Trans Union pour obtenir rapidement des renseignements exacts et pertinents en matière d'évaluation des risques, et ces entreprises sont conscientes de nos préoccupations. Vous pouvez donc être assuré que les outils technologiques les plus avancés sont mis en place pour protéger les renseignements qui sont détenus à votre sujet.

Bref, bien que ce qui précède soit très intéressant, vous vous demandez sans doute si vous devez vraiment vous préoccuper de l'existence des bureaux de crédit.

Tous les jours, des millions de transactions financières sont complétées de par le monde alors que les gens présentent leurs cartes de crédit dans les librairies ou les boutiques, achètent une voiture, font une demande d'emploi, se mettent à la recherche d'un appartement ou font installer le téléphone ou d'autres services publics au moment d'emménager dans leur nouvelle maison. Bien que ces démarches ne semblent pas toujours être des transactions financières, le crédit est toutefois presque toujours en cause. Même les entreprises de services publics qui fournissent de l'électricité pour votre maison vous facturent dès que vous avez reçu le service et s'attendent à recevoir votre paiement au cours du mois suivant. Les entreprises qui vous fournissent le service téléphonique et l'électricité vous font crédit; elles veulent donc avoir l'assurance que vous ferez vos paiements. Voilà pourquoi les entreprises qui vous font crédit vérifient au bureau de crédit votre rapport ou votre pointage de crédit.

Qu'est-ce qu'un rapport de crédit?

Un rapport de crédit est un relevé de l'ensemble de vos activités de crédit, y compris les détails quant à toutes vos transactions depuis les six dernières années. Un rapport de crédit est constitué sous votre nom, dès la première fois où vous faites une demande de crédit, et il est mis à jour régulièrement, tant que vous avez du crédit. Le rapport n'indique pas seulement les situations problématiques, mais également les points positifs reliés à la ponctualité dans vos paiements. Ce rapport contient les détails suivants :

- Les demandes de crédit et les demandes de renseignements par ceux qui font crédit;

- Les prêts actuels et les cartes de crédit des banques, sociétés financières et détaillants;

- Les détails reliés aux différents comptes : date d'ouverture, soldes, paiements;

- Les renseignements personnels facilitant l'identification, dont le nom, l'adresse et la date de naissance;

- Une liste des « demandes de renseignements », soit le nom de tous ceux qui ont demandé votre rapport de solvabilité au cours des trois dernières années;

- Une liste faisant état de faillites, de jugements ou de l'implication d'une agence de recouvrement à la suite de problèmes reliés à votre crédit;

Une « déclaration du consommateur », qui constitue un commentaire facultatif, que vous pouvez ajouter à votre propre dossier de crédit afin de fournir certaines explications à ceux qui pourraient avoir l'intention de vous faire crédit. Si, par exemple, vous avez été malade et dans l'impossibilité de travailler pendant quelques mois, vous avez pu avoir temporairement de la difficulté à effectuer vos paiements. Vous pouvez donc fournir ce précieux renseignement par le biais de la déclaration du consommateur.

Consultez le site Internet de Equifax Canada pour obtenir de plus amples informations sur votre rapport de solvabilité à www.equifax.ca . En voici un bref aperçu :

Votre dossier de crédit est important pour vous. Jusqu'à présent, de nombreux Canadiens n'ont jamais vu leur propre dossier de crédit, c'est pourquoi il n'est pas surprenant qu'ils soient oubliés lorsque des particuliers étudient leur situation financière.

Le Centre d'information des consommateurs a été conçu pour vous renseigner sur les rapports de crédit en général et plus précisément sur la façon d'obtenir une copie de votre dossier de crédit afin de vous assurer qu'il est exact. Vous pouvez consulter la **foire aux questions** qui couvre de nombreux aspects des renseignements de crédit à la consommation en plus des **autres sujets et ressources**, où vous trouverez des conseils pratiques sur les cotes de crédit et la consultation. Et nous avons ajouté des **liens pratiques** vers d'autres sources d'information touchant le crédit personnel, les activités bancaires et les finances en général.

Si vous désirez obtenir une copie de votre dossier de crédit immédiatement, moyennant des frais, vous pouvez avoir accès en ligne en temps réel à votre dossier de crédit personnel, à votre pointage de crédit et une explication complète de votre pointage et sur la façon dont les prêteurs voient votre historique de crédit. Vous n'avez qu'à vous connecter aux Services consommateurs Equifax Canada à www.econsumer.equifax.ca.

Pour obtenir une copie gratuite de votre dossier de crédit par la poste, allez à **Votre dossier de crédit** et téléchargez le formulaire de demande de dossier de crédit. Vous pouvez aussi accéder à votre dossier de crédit au site Internet de Trans Union à **www.tuc.ca** .

Vous pouvez et vous devriez demander une copie de votre propre rapport de solvabilité pour vous assurer que les renseignements à votre sujet sont bien exacts.

Qui d'autre peut consulter votre rapport de solvabilité? En fait, le rapport de solvabilité est disponible à tous les membres. Il n'est toutefois disponible qu'avec votre consentement. Il ne peut être fourni que dans les situations suivantes : lorsqu'on vous fait crédit, ou à des fins de recouvrement; par des locateurs éventuels lorsque vous désirez louer une maison ou un appartement; par les employeurs; par les assureurs. En effet, même les assureurs veulent avoir l'assurance que vous paierez vos primes. Lorsque votre prêteur vous fait crédit, il peut par la suite, de temps à autre, continuer à demander des renseignements à votre sujet au bureau de crédit afin de mettre votre dossier à jour. Le rapport ne contient aucun commentaire de la part de quelqu'un qui vous a fait crédit. Il ne contient que les faits détaillés reliés à votre identité, à votre historique de crédit et à votre déclaration du consommateur, si vous en avez fournie une.

Vous avez peut-être entendu parler du *pointage de crédit* ou de la *cote de crédit*, qui font partie intégrante du rapport de solvabilité. Une cote de crédit est un indicateur utilisé pour classifier vos habitudes de remboursement sur chacun de vos prêts et sur chacune des cartes de crédit que vous détenez. La cote de crédit se répartit sur une échelle allant de R0 à R9, R0 signifiant qu'il y a absence de renseignements aux fins de l'établissement d'une cote et R9 signifiant l'indice d'une mauvaise créance. Les cotes de R1 à R8 correspondent à tout ce qui peut se situer entre les deux. À titre d'exemple, R1 signifie que vos paiements ne sont jamais en retard pour le compte concerné et R5 signifie que vous avez payé votre compte avec quatre mois de retard. Idéalement, vous ne voudriez qu'une liste de R1 sur votre rapport de solvabilité, mais la perfection n'est pas de ce monde. Il nous arrive tous d'oublier de payer une facture de temps à autre, comme celle qui s'est retrouvée dans le livre à colorier de votre bambin de cinq ans sur le comptoir de cuisine. Ou comme celle qui a été égarée lors d'un déménagement, alors que la gestion courante de vos affaires était temporairement devenue un véritable casse-tête. Mais ne vous en faites pas si vous avez vécu de telles situations : la cote R2 ou R3 ne bouleversera pas votre vie.

Bien qu'une cote de crédit soit attribuée à chacun de vos comptes, un *pointage de crédit* est un résumé de toutes les données se trouvant dans votre rapport de solvabilité, reflétant vos habitudes générales en matière d'emprunt. Ce ne sont pas tous les prêteurs qui ont besoin d'un rapport de solvabilité complet du bureau de crédit. Un pointage, qui peut être un numéro à trois chiffres, est un indicateur tout à fait adéquat pour évaluer votre solvabilité. Il y a plusieurs façons d'établir le pointage, mais elles visent essentiellement le même objectif : aider un prêteur à décider s'il doit vous faire crédit ou, encore, s'il doit consentir à l'augmentation de votre limite de crédit. Une partie du pointage peut porter sur le montant total de vos dettes; une autre partie concerne l'utilisation de votre limite de crédit disponible, exprimée sous forme de pourcentage; une autre concerne le laps de temps écoulé depuis l'établissement de votre dossier de crédit; et la plus grosse partie concerne habituellement votre historique de paiements. Selon le bureau de crédit et le modèle de pointage utilisé, le pointage pourra être désigné sous différentes appellations : le pointage FICO, élaboré par Fair, Isaacs; le pointage Beacon, élaboré par Equifax; ou le pointage Empirica, élaboré par Trans Union. À titre indicatif, plus le pointage est élevé et plus vous êtes en bonne position. Un pointage qui excède 700 est considéré comme bon et un pointage inférieur à 640 indique une situation problématique. Bien que ce pointage nous fournisse des indications générales, il revient au prêteur d'établir son niveau de tolérance au risque. Plusieurs prêteurs créent d'ailleurs leur propre modèle de pointage pour tenir compte d'un plus grand nombre de variables susceptibles de les guider dans la gestion des risques associés au crédit. La Banque Scotia, entre autres, tient compte des dépôts et des placements de ses clients. La banque combine cette information avec le pointage du bureau de crédit afin de créer son propre pointage de crédit.

Karen a remboursé son prêt étudiant. Elle habite Vancouver et a choisi de profiter de la vie au maximum. Elle n'a pas les économies nécessaires pour faire son versement initial. Elle a une ligne de crédit qu'elle utilise le moins possible, mais garde toujours ses trois cartes de crédit à portée de la main pour les sorties et le magasinage. Une des trois cartes a un taux d'intérêt très bas mais les deux autres, qu'elle utilise pour recueillir des points, ont des taux au-delà de 18 %. Elle essaie de rembourser le solde de ses cartes à tous les mois, mais elle n'y arrive pas toujours. Cependant, elle paie la totalité du solde au moins une fois par année.

Karen s'est bien amusée et a dépensé tout son argent. Bien qu'elle n'ait pas d'épargnes, elle a bien vécu, mais selon ses moyens. En conséquence, son rapport de solvabilité est impeccable et indique « votre pointage de crédit FICO est de 790 ».

Il s'agit là d'un excellent pointage, à tous les niveaux, et le rapport d'un bureau de crédit indiquerait certainement : « Les prêteurs estimeraient qu'il s'agit là d'un excellent pointage. D'autres facteurs, tels le revenu et la capacité, pourraient être considérés pour la prise de décision de crédit, mais en se rapportant strictement au pointage FICO, les prêteurs feraient crédit à cette cliente sans hésitation ».

Catherine sera sans doute approuvée pour toute demande de crédit raisonnable et elle pourra avoir accès à ce crédit aux meilleurs taux offerts.

Maria et Jean paient toujours leurs factures à temps, à tous les mois, et leurs cotes de crédit sont de R1. Ils ont eu des cartes de crédit et des prêts étudiants à l'université et leur rapport de solvabilité est établi depuis suffisamment longtemps pour qu'un prêteur ait confiance en leur capacité de remboursement. Mais en raison des dépenses de toutes jeunes familles, avec la nouvelle maison, la nouvelle voiture et l'utilisation d'une ligne de crédit pour couvrir les dépenses pour la maison, ils atteignent maintenant un niveau d'endettement très élevé par rapport à leurs revenus. Et ils viennent tout juste d'acheter les électroménagers pour leur nouvelle maison, profitant de l'aubaine « ne payez rien avant… », ce qui signifie qu'ils devront assumer encore d'autres paiements à l'échéance du délai prévu. Maria et Xavier réussissent à se tirer d'affaire, mais ils sont néanmoins un peu serrés dans leur budget.

Lorsqu'ils ont récemment demandé une copie de leur rapport de solvabilité, ils ont trouvé les commentaires suivants :

« Votre pointage de crédit FICO est de 745. Les prêteurs considèrent plusieurs facteurs en plus de votre pointage de crédit quand ils prennent leurs décisions de crédit. En se rapportant strictement à votre pointage FICO, toutefois, la plupart des prêteurs estimeraient que ce pointage est bon ».

Il est donc peu probable qu'une demande de crédit additionnelle leur serait refusée en raison de leur pointage de crédit. En réalité, Maria et Xavier se sont qualifiés pour une ligne de crédit non garantie au taux de base, plus 1,5 %, grâce à la qualité de leur pointage. Au fur et à mesure qu'ils rembourseront leurs dettes et que leur pointage de crédit augmentera, ils pourront se qualifier pour un taux d'intérêt encore plus avantageux. Ils pourraient toutefois se voir refuser du crédit additionnel, selon le montant demandé, si le revenu disponible de leur ménage ne leur permettait pas d'assumer ces nouveaux paiements en plus de ceux reliés à leurs engagements actuels.

Sandor et Alya se sont partagé la responsabilité de payer les factures. Bien qu'ils aient tous deux suffisamment d'argent dans leurs comptes de banque pour payer leurs factures en temps prévu à tous les mois, ils se laissent parfois distraire par leurs activités quotidiennes et perdent de vue leurs obligations. La confusion atteint son comble quand l'un pense que l'autre a payé, ce qui n'est pas le cas. Ce n'est que sur réception de l'avis de paiement en retard qu'ils réalisent finalement leur erreur.

Ce manque d'assiduité dans leur remboursement a nui à leur rapport de solvabilité. Voici ce qui y est indiqué : « Votre pointage de crédit FICO est de 650. Les prêteurs pourraient éprouver certaines inquiétudes devant un tel pointage. Ce pointage indique que vous avez eu par le passé des retards répétés dans vos paiements. D'autres facteurs pourraient être considérés par vos prêteurs pour la prise de leur décision, mais ce pointage FICO pourrait être acceptable ou non, selon le niveau de tolérance au risque du prêteur concerné ».

Bien que Sandor et Alya pourraient avoir une approbation de crédit, étant donné qu'ils finissent toujours par payer leurs factures et qu'ils en ont aussi la capacité, ils vont probablement payer un taux d'intérêt plus élevé que la normale à cause des problèmes qu'ils éprouvent dans la gestion quotidienne de leurs factures.

L'historique des paiements étant répertorié par les bureaux de crédit pour une période de six ans, le rapport de solvabilité de Frédéric et Samira pourrait s'améliorer dès maintenant s'ils prenaient la peine de mieux planifier leurs paiements et, surtout, de les faire en temps prévu.

Étonnamment, un rapport de solvabilité ne contient aucun renseignement sur ce qui constitue pourtant un des emprunts les plus importants de votre vie, soit votre emprunt hypothécaire. Jusqu'à maintenant, les renseignements sur le montant de votre prêt hypothécaire ainsi que ceux relatifs à son remboursement ne sont pas partagés entre les créanciers. Mais cette situation devrait bientôt changer. Selon toute probabilité, les renseignements portant sur les emprunts hypothécaires seront partagés d'ici les deux prochaines années et le dossier de crédit sera alors relativement complet. Dans la plupart des cas, les prêts étudiants accordés par les gouvernements sont également rapportés au bureau de crédit. Ainsi, s'il vous est arrivé de penser que vous n'aviez pas à rembourser ce prêt du gouvernement qui a servi à financer votre éducation en 1995 (ou votre participation à ce colloque en Floride), détrompez-vous. Cette dette pourrait venir vous hanter pour quelques années encore. Il faut finalement souligner qu'une bonne cote de crédit améliorera votre position lorsque votre prêteur analysera votre demande d'emprunt hypothécaire. Quant aux emprunts non garantis, on peut raisonnablement s'attendre à ce qu'un bon pointage de crédit soit tout autant bénéfique.

Le fait que les renseignements portant sur votre crédit puisse désormais être transmis automatiquement comporte des avantages et des inconvénients. Commençons par l'aspect négatif. Même si l'automatisation apporte d'énormes bénéfices, il y a un point majeur qui accroche : les gens qui n'ont pas d'historique de crédit ont *peine* à obtenir du crédit. Les prêteurs ont un nombre croissant de demandes de crédit faites par des jeunes, de nouveaux arrivants ou encore par des gens récemment divorcés qui n'ont jamais eu de dossier de crédit à leur nom (habituellement des femmes). La plupart des prêteurs reconnaissent qu'il s'agit là d'un problème majeur et les banques s'adaptent généralement à de telles situations en prévoyant des exceptions dans la gestion de ces dossiers particuliers. Certaines banques offrent même un programme spécial pour les nouveaux arrivants. Le programme « Bienvenue au Canada » de la Banque Scotia offre un ensemble d'avantages aux nouveaux arrivants et prévoie un processus décisionnel particulier pour leurs demandes de crédit. Quant aux étudiants, on les encourage à faire une demande d'emprunt avec leurs parents à titre de co-emprunteurs. Avec l'engagement des parents pour un premier prêt-auto ou un prêt-étudiant, les jeunes peuvent ainsi profiter de la cote de crédit de leurs parents, établie depuis longtemps. Au surplus, si la cote de crédit des parents est suffisamment bonne, les jeunes pourront alors profiter d'un meilleur taux d'intérêt! La même chose s'applique pour toute personne à qui on n'a jamais fait crédit. N'hésitez pas à en discuter avec un représentant de votre succursale et vous verrez que vous serez probablement approuvé pour l'obtention d'un certain crédit (à tout le moins pour un léger montant). Une fois que vous aurez démontré de bonnes habitudes de remboursement, votre rapport de solvabilité jouera en votre faveur.

Si on regarde les bons côtés de l'automatisation des rapports de crédit, on peut relever les trois avantages suivants :

1. *Une meilleure source de renseignements.* Avec une énorme capacité d'emmagasinage de données, le bureau de crédit est en mesure d'établir votre historique de crédit de façon très détaillée, fournissant ainsi un portrait très fiable de votre situation. Votre rapport est également mis à jour régulièrement et tout changement dans votre situation (pour le meilleur ou pour le pire) sera rapidement indiqué lors du partage des renseignements.

2. *Une prise de décision rapide.* Les décisions de faire crédit peuvent maintenant être prises en quelques secondes grâce à la rapidité des échanges de renseignements entre le bureau de crédit et le système informatisé du prêteur. Que vous soyez chez votre concessionnaire automobile pour faire une demande de prêt-auto ou que vous soyez dans l'attente d'une approbation pour votre prêt hypothécaire après avoir trouvé la maison rêvée, vous obtiendrez une réponse rapide.

3. *Une décision objective.* À l'époque où tous les gens d'une même communauté se connaissaient, on évaluait le risque sur une base plus personnelle, ce qui laissait place à une forme de discrimination pouvant reposer sur des facteurs plutôt aléatoires. De nos jours, la position qu'occupe votre oncle comme notable de la ville n'a plus aucun poids sur la décision de vous faire crédit. Tous les gens qui font une demande de crédit sont maintenant sur un pied d'égalité.

En conclusion : Payez toujours, toujours, toujours vos factures en temps prévu.

N'allez pas croire que le fait de payer vos factures à tous les mois est suffisant. Vous devez toujours les payer avant la date d'échéance. Une cliente nous indiquait récemment que le taux d'intérêt figurant sur sa demande de ligne de crédit avait augmenté depuis le dépôt de sa demande quelques mois plus tôt. Nous lui avons posé quelques questions sur ses habitudes de paiement pendant la période concernée afin de trouver ce qui aurait pu nuire à son pointage de crédit. Elle nous a confié qu'elle trouvait bien difficile de joindre les deux bouts. Il s'agissait là d'une situation bien compréhensible et cette cliente avait toute notre sympathie. Mais en poussant l'enquête un peu plus loin, elle déclara qu'elle « utilisait sa première paie du mois pour le versement hypothécaire, que la seconde paie couvrait autre chose et que sa troisième paie était consacrée aux paiements des factures ». Mais comme ses factures de téléphone, d'Hydro et de cartes de crédit venaient toutes à échéance au milieu du mois, elle se trouvait à faire ses paiements en retard et payait donc des frais d'intérêt additionnels. Si elle avait pris soin de réviser ses priorités afin d'utiliser sa seconde paie du mois pour les factures, elle aurait alors bénéficié d'une bien meilleure cote de crédit.

Cette cliente aurait pu aussi demander aux entreprises de services publics de modifier sa facturation de façon à ce que l'échéance soit fixée vers la fin du mois. Une autre option serait d'utiliser les services bancaires en ligne. C'est un moyen sûr et simple. Vous pourrez obtenir facilement une démonstration à votre banque. Faites en sorte que tous vos paiements soient faits quelques jours avant l'échéance. Obtenez ensuite une protection contre les découverts (les frais et les taux varient d'une banque à l'autre et il vaut mieux magasiner un peu). Avec la protection contre les découverts, vous êtes couvert en attendant le versement de votre salaire afin d'assurer le paiement de vos factures. La protection contre les découverts peut toutefois s'avérer coûteuse et il faut donc rechercher la meilleure offre et planifier avec soin vos opérations bancaires quotidiennes.

Si vous n'avez pas d'ordinateur, vous pouvez utiliser le service téléphonique. Vous pouvez aussi utiliser le système de prélèvements automatiques. Si vous préférez payer par chèque, assoyez-vous une fois par mois pour payer vos factures et prenez soin d'indiquer discrètement à l'endos de vos enveloppes la date où elles doivent être mises à la poste pour éviter des retards de paiement. Il ne vous reste plus qu'à les poster à temps.

> Si vous avez sauté cette section parce qu'elle vous apparaissait dénuée d'intérêt, vous devriez faire un petit retour en arrière et reprendre votre lecture. Les renseignements qui y sont contenus pourraient vous être très profitables!

Il est vrai que la section que vous venez de lire était plutôt aride et nous espérons que vous avez tout de même pu y puiser de nouvelles informations. Il est vraiment important de comprendre le système des cotes et des pointages de crédit, car c'est votre cote de crédit qui déterminera le montant des intérêts que vous paierez sur vos emprunts. Une bonne cote de crédit vous permettra d'obtenir de meilleurs taux d'intérêt, surtout dans le cas de vos emprunts non garantis. Le coût de votre crédit est en effet basé sur le risque. Le risque est mesuré en appliquant les principes suivants, bien connus des prêteurs, et qu'on appelle communément les 3 « C » du crédit : caractère, capacité et capital. Le caractère est l'historique de vos paiements, la capacité est le revenu que vous devez gagner pour faire honneur à vos obligations et le capital est la garantie que vous pouvez donner pour votre prêt. Si votre historique de paiements est sans tache, si vous avez suffisamment de revenus pour honorer vos obligations et si vous garantissez votre prêt avec votre immeuble, votre prêteur vous accordera sans doute le meilleur taux d'intérêt possible lors de votre emprunt. Si vous avez une ligne de crédit non garantie ou des cartes de crédit et si vos habitudes de paiement se détériorent (même vis-à-vis un autre prêteur), votre pointage de crédit reflétera ce changement dans votre comportement et le prêteur pourra alors décider de hausser votre taux d'intérêt, évaluant un risque plus élevé. Si vous sautez vos paiements ou si vous les faites constamment en retard, vous évitez peut-être d'avoir des problèmes de liquidités pour le moment, mais vous aurez plus de difficultés à mener vos affaires personnelles à long terme.

Si vous prévoyez avoir besoin d'emprunter et savez que votre prêteur regardera votre rapport de solvabilité, ou, à tout le moins, votre pointage de crédit, voici certaines choses que vous devriez faire pour maintenir une bonne cote de crédit ou pour améliorer votre position :

- D'abord et avant tout, payez vos factures en temps prévu! (Nous n'insisterons jamais trop).

- Essayez de ne pas utiliser votre crédit renouvelable jusqu'à la limite maximale.

- Essayez de rembourser votre solde avant qu'il n'atteigne 75 % de votre limite de crédit et vous devriez ainsi améliorer votre pointage.

- Vérifiez votre rapport de solvabilité annuellement pour vous assurer qu'il ne contient pas d'erreurs.

- Tentez de limiter le nombre de demandes de renseignements à propos de votre rapport. Si vous faites plusieurs demandes de crédit, vous risquez d'accroître le nombre de demandes de renseignements, ce qui nuira à votre pointage de crédit.

- Si on ne vous a jamais fait crédit dans le passé, mais que vous avez contribué régulièrement à un régime d'épargne, ce programme pourrait alors servir à établir votre capacité de paiement. N'hésitez donc pas à utiliser cet argument lorsque vous rencontrerez votre prêteur.

En suivant ces directives, vous augmenterez vos chances d'accéder au crédit que vous méritez et vous bénéficierez des meilleurs taux d'intérêt possibles.

La fraude sur l'identité

Avant de terminer notre discussion sur le crédit, nous devons attirer votre attention sur les services extraordinaires qui apportent leur contribution pour lutter contre la fraude et l'usurpation d'identité. Trans Union, par exemple, s'attaque à ce problème depuis plus de dix ans avec son Service d'aide aux victimes de fraude. Vérifiez le site Internet www.tuc.ca afin d'en savoir plus long sur ce véritable fléau.

Trans Union vous souhaite la bienvenue au Service d'aide aux victimes de fraude. Nous sommes conscients qu'il est bouleversant d'être victime de fraude sur l'identité ou d'être potentiellement exposé à la fraude suite à la perte ou au vol d'un portefeuille. Notre service est à votre disposition pour vous aider à signaler l'incident et à voir si une activité de crédit frauduleuse est survenue. Notre objectif est de rendre cette expérience aussi confortable que possible pour vous, en vous fournissant des conseils appropriés et de l'information visant à vous aider à corriger toute activité frauduleuse survenue impliquant votre identité.

Veuillez consulter nos questions fréquemment posées en matière de fraude afin de trouver des réponses qui :

– vous fourniront des conseils si vous soupçonnez ou savez que vous êtes victime de fraude sur l'identité.

– vous fourniront des suggestions sur la façon d'éviter de devenir une victime de la fraude.

Les signes peuvent varier, mais les indices typiques de fraude incluent :

– Un créditeur vous informe qu'une demande de crédit pour laquelle vous n'avez fait aucune demande a été reçue avec votre nom et adresse.

– Des appels téléphoniques ou des lettres stipulent que vous avez été approuvé ou refusé par un créancier pour lequel vous n'avez jamais fait de demande.

– Vous recevez des états de compte pour des cartes de crédit ou autres factures à votre nom, pour lesquels vous n'avez pas fait de demande.

– Vous ne recevez plus d'états de compte de cartes de crédit ou vous remarquez qu'il vous manque du courrier.

– Une agence de recouvrement vous informe qu'elle doit procéder au recouvrement d'un compte établi à votre nom et vous n'avez jamais ouvert ce compte.

CHAPITRE 8

Les quatre règles de base pour emprunter judicieusement

Maintenant, voyons quelques stratégies qui vous aideront à emprunter d'une façon judicieuse. Si vous n'aviez que quatre choses à retenir dans ce livre, il faudrait que ce soit ces règles de base. Elles vous permettront de dormir plus tranquille et peut-être aussi d'épargner quelques dollars qui pourront vous servir à payer l'éducation de vos enfants ou à rembourser vos emprunts plus rapidement. Grâce à ces règles de base, vous pourrez emprunter tout en respectant votre zone de confort.

Les quatre règles de base

1. Évaluez sérieusement vos besoins et vos désirs

Une évaluation sérieuse de vos besoins et de vos désirs est à la base d'un emprunt réfléchi. Commencez par établir vos objectifs financiers. Mettez-les en ordre de priorité. Reprenez vos objectifs et regroupez-les en deux catégories, soit *mes besoins* et *mes désirs*. Voici quelques idées de départ :

- Pensez à vos grands objectifs à long terme en tant que propriétaire (il est possible que vous ayez plus d'une maison; vous pourriez vouloir un chalet ou une résidence secondaire).

- Pensez à vos enfants (si vous en avez ou planifiez en avoir) : pensez aux frais d'orthodontie, aux coûts des camps d'été, aux droits de scolarité.

- Désirez-vous réduire le montant de vos versements mensuels ou réduire vos coûts d'emprunt?

- Craignez-vous de ne pas être financièrement à l'aise au moment de la retraite? Bien qu'on songe à repousser ou à éliminer l'âge de la retraite obligatoire, il est possible que vous désiriez malgré tout prendre votre retraite ou une semi-retraite pour bénéficier d'un peu plus de temps libre.

- Avez-vous un plan en cas d'urgence? Pour combien de temps vous serait-il possible d'assumer les dépenses courantes si vous deviez subir une baisse de revenu (en cas de maladie ou de perte d'emploi)?

Une fois que vous avez déterminé les grands objectifs, établissez les objectifs que vous aimeriez réaliser dans un avenir plus rapproché :

- Désirez-vous prendre de petites vacances pour aller à la plage, visiter la région de Charlevoix ou aller faire du ski dans les Rocheuses?

- Désirez-vous faire des rénovations? Ou simplement rafraîchir la peinture et changer des fenêtres?

- Quand planifiez-vous changer de voiture? Est-ce que votre ménage a deux voitures qui nécessitent des réparations?

Une fois votre liste établie, pensez aux scénarios d'emprunt qui répondent le mieux à vos besoins tout en respectant votre zone de confort.

- S'il se produisait une hausse des taux d'intérêt, auriez-vous suffisamment de liquidités pour faire face à la situation où seriez-vous plutôt serré dans votre budget?

- Avez-vous suffisamment de jeu à la fin de chaque mois pour épargner et rembourser une plus grande somme que prévue sur votre emprunt?

- Désirez-vous obtenir du financement pour un seul achat important?

- Désirez-vous avoir la possibilité d'obtenir du financement auquel vous pouvez recourir en tout temps?

Maintenant, tentez de déterminer votre revenu au cours des années à venir.

- Croyez-vous obtenir des augmentations proportionnelles au coût de la vie?

- Vous attendez-vous à bénéficier de commissions ou de primes?

Tracez le portrait général de votre situation actuelle et déterminez ce que vous désirez dans l'avenir.

2. Mettez de l'ordre dans vos affaires

Vous devez maintenant identifier vos dépenses et déterminer celles que vous pourriez éliminer si vous aviez à faire des coupures. Sortez vos factures de la boîte à chaussures et prenez une feuille et un crayon ou, encore mieux, utilisez un chiffrier électronique (si vous avez accès à un ordinateur). Allouez une catégorie pour les dépenses essentielles et non négociables et une catégorie pour les dépenses arbitraires ou peut-être même extravagantes. Le tableau en appendice (B) pourra vous être utile. Aménagez votre chiffrier de façon à voir les rentrées et les sorties d'argent mensuelles. Ôtez vos œillères et regardez les choses bien en face – les boutiques d'alimentation haut de gamme au lieu du supermarché, le lave-auto de luxe au lieu du seau et du chamois… Tous ceux qui font l'exercice sont habituellement très surpris et mieux préparés pour apporter des changements dans leurs dépenses non essentielles. Il pourrait s'agir de débrancher l'antenne parabolique pendant quelques mois. À l'arrivée de la belle saison, vous pouvez peut-être vous passer de quelques canaux supplémentaires.

3. Simplifiez les choses pour vous rapprocher de vos objectifs

Une fois que vous savez où vous en êtes et que vous avez mis de l'ordre dans vos affaires, vous pouvez alors travailler à simplifier les choses. Bien que votre horaire soit chargé, si vous prenez le temps nécessaire pour simplifier les choses, vous serez gagnant. Réduisez le nombre de cartes de crédit que vous transportez avec vous. Il ne s'agit pas de les éliminer en fermant les comptes, mais plutôt de les sortir de votre portefeuille et les ranger dans un endroit sûr. Pour la plupart des gens, il est préférable d'avoir une carte pour les achats courants, qui permet d'accumuler des points-bonis et qui offre une option à faible taux d'intérêt si vous devez conserver un solde impayé. Mais les besoins peuvent varier d'une personne à l'autre et il est important que vous déterminiez ce qui vous convient. Si on vous réclame des frais pour des comptes de carte de crédit inactifs – ce qui devient une pratique de plus en plus courante – il vaudrait peut-être mieux dans ce cas fermer ces comptes.

À ce stade, ce serait le bon moment de rencontrer votre représentant des services bancaires personnels ou votre conseiller financier afin de déterminer comment vous pourriez simplifier vos emprunts et vous rapprocher de vos objectifs. En fait, l'approche à adopter pour emprunter est comparable à celle que l'on a pour investir : l'objectif consiste à obtenir davantage de liquidités (en réduisant les coûts d'emprunt) et éviter d'avoir à payer des taux d'intérêt très élevés en diversifiant, s'il le faut, ses emprunts – nous en avons parlé précédemment.

4. Tirez profit de votre propriété

La démarche pour accéder à la propriété est longue. Elle est émotive, intellectuelle et même physique. Vous devez être bien à l'idée d'avoir cette maison et d'y vivre. C'est pourquoi il est important que vous fassiez votre investissement lorsque vous êtes prêt à le faire. Surveillez vos liquidités. Pensez aussi aux changements qui pourraient survenir dans votre condition de vie et l'impact que cela pourrait avoir sur vous.

Profitez de la valeur nette de votre maison pour réduire vos coûts d'emprunt, puis *rembourser vos dettes*. Les liquidités engendrées par la réduction de vos coûts d'emprunt peuvent vous servir à rembourser vos dettes. Vous serez ainsi en meilleure position si les taux d'intérêt venaient à augmenter.

Surveillez les coûts associés à votre propriété. Maintenez vos factures de chauffage à la baisse en suivant les conseils de votre fournisseur. La société Enbridge souligne que vous pouvez épargner jusqu'à 9 % de votre consommation de gaz naturel en « isolant le tour des fenêtres et des prises de courant ». Nous connaissons une famille vivant dans une maison de ferme centenaire qui consomme plus de 2 000 $ de gaz naturel par année; ce type de conseil pourrait lui être sans doute très utile. Et même si votre maison est bien isolée, vous pourriez épargner en réduisant la température de vos thermostats de quelques degrés avant de quitter pour le travail.

En dernier lieu, appréciez ce que vous avez et profitez-en – vous avez travaillé dur pour l'obtenir! Utilisez une stratégie d'emprunt qui convienne à vos besoins.

Quelle est la prochaine étape?

Vous avez pris connaissance des informations, vous avez observé les exemples et vous avez consulté la liste aide-mémoire. Maintenant, vous vous demandez : « Quelle est la prochaine étape? » Afin de vous aider dans votre démarche, la section qui suit vous informe sur les étapes importantes que vous aurez à franchir. À ce stade, vous avez le choix : vous pouvez contacter votre institution financière et prendre rendez-vous avec un représentant ou encore déblayer le terrain en faisant quelques calculs personnels sur Internet pour mieux identifier votre zone de confort. Évidemment, vous pouvez très bien entreprendre les deux démarches si vous désirez obtenir le plus d'informations possibles.

Si vous optez uniquement pour rencontrer un représentant de votre institution financière, voici comment vous pourriez aborder la question. Commencez par définir vos objectifs personnels, vos objectifs financiers et vos préoccupations. Inscrivez le tout sur une feuille. Vous n'avez pas à faire une longue liste, mais en écrivant quelques points importants, vous pourrez mieux orienter la discussion. Durant la rencontre, vous pouvez demander à votre représentant de vous aider à bien établir votre stratégie d'emprunt. Ce dernier devrait avoir les outils nécessaires pour vous guider dans une discussion profitable.

Au moment d'effectuer vos recherches sur Internet, vous pouvez consulter la liste des sites proposés à la page 119. Comme nous les connaissons bien, nous nous permettrons encore une fois d'utiliser les ressources et les outils de la Banque Scotia pour illustrer la démarche que vous pourriez faire.

Sur le site www.banquescotia.com, consultez le Centre de prêts hypothécaires pour y repérer les outils qui pourraient vous aider. Nous aimons beaucoup le calculateur de versements hypothécaires appelé *À combien s'élèveront mes versements hypothécaires?*. Il calcule instantanément vos versements en fonction du montant et du taux d'intérêt que vous inscrivez. Le calcul comprend uniquement le solde principal et les intérêts; il ne tient pas compte des taxes ou de l'assurance hypothécaire. Vous aurez tout de même une bonne idée du type de prêt hypothécaire que vous pourriez vous permettre. L'autre calculateur que nous aimons est appelé *Combien pourrais-je emprunter*. Il calcule essentiellement le ratio du service de la dette totale à partir de quelques données. Vous aurez ainsi une idée du montant du prêt hypothécaire (ou de la totalité de l'emprunt) que vous pourriez obtenir. Si vous prenez connaissance de ces outils avant de rencontrer votre prêteur, vous serez mieux préparé pour votre discussion.

Notre outil préféré est le Calculateur Crédit intégré Scotia sur le site de la Banque Scotia. Si vous êtes propriétaire d'une maison et que vous avez emprunté de l'argent sur des cartes de crédit ou des lignes de crédit non garanties, ou si vous avez un prêt-auto, cet outil peut vous démontrer combien vous pouvez épargner sur la totalité de vos coûts d'emprunt. Comme nous l'avons déjà précisé, le programme Crédit intégré Scotia est une solution d'emprunts groupés, combinant le prêt hypothécaire, les lignes de crédit, les cartes Visa, les prêts personnels, les prêts pour entreprise et la protection contre les découverts. Il utilise la valeur nette de votre maison pour réduire la totalité de vos coûts d'emprunt. En identifiant l'ensemble de vos emprunts et le taux d'intérêt que vous payez à l'heure actuelle, le calculateur fera le calcul pour vous afin de connaître ce que vous pourriez épargner en frais d'intérêt si vous mettiez la totalité de vos emprunts dans un programme assorti d'une garantie hypothécaire. Vous seriez surpris de réaliser combien vous pouvez épargner et vous rapprocher de vos objectifs financiers. Au moment de vos calculs, vous devriez avoir en main vos relevés de cartes de crédit et de prêts. En utilisant l'information la plus précise possible, vous obtiendrez une meilleure indication des améliorations que vous pouvez apporter.

Même si vous avez effectué des recherches sur Internet, il serait bien de planifier une rencontre avec votre institution financière, qui a l'expérience et les ressources nécessaires pour vous aider à choisir le prêt hypothécaire qui respectera votre zone de confort. À la Banque Scotia, nous avons un sélecteur de prêts hypothécaires qui simplifie la démarche pour trouver les options hypothécaires qui vous conviennent le mieux. Des outils de comparaison permettent de démontrer les caractéristiques et les avantages des différents types de prêts hypothécaires. Ne croyez surtout pas que tous les prêts hypothécaires et toutes les banques sont les mêmes. Il y a de grandes différences et certaines d'entre elles peuvent avoir un impact sur vous. Comme votre prêt hypothécaire risque d'être la plus grande décision financière que vous ayez à prendre, assurez-vous d'avoir en main des informations précises et actuelles.

En conclusion…

Si vous éprouviez une certaine inquiétude à l'idée d'acheter une maison et d'avoir un prêt hypothécaire avant d'avoir lu ce livre, nous espérons avoir apaisé quelque peu votre anxiété. À tout le moins, nous souhaitons vous avoir éclairé sur l'importance que votre maison peut avoir dans votre vie en tant qu'investissement. Comme vous avez pu le voir, il existe des moyens pour vous assurer de faire un bon investissement, le protéger et l'utiliser pour contracter des emprunts judicieux. Souhaitons que votre démarche auprès de votre institution financière se fasse dans la confiance et avec une meilleure compréhension du processus décisionnel derrière une demande de prêt hypothécaire ou de ligne de crédit. Si vous êtes maintenant en mesure d'apporter certains changements qui vous permettront de diminuer vos contraintes de liquidités, d'épargner sur les coûts d'emprunt, de choisir le bon prêt hypothécaire et de rembourser votre dette plus rapidement, et bien la lecture de ce livre en aura valu le coût. Nous vous souhaitons la plus heureuse des expériences à titre de propriétaire. Il s'agit d'un événement marquant.

Appendice A

Liste aide mémoire pour la recherche d'une maison

Dressez une liste des caractéristiques importantes, puis aménagez des colonnes pour y indiquer vos besoins, vos désirs, ce que vous ne voulez pas et ce que vous êtes prêt à accepter par rapport à ces caractéristiques. Vous pourrez faire un choix plus judicieux en déterminant ce qui vous paraît essentiel et les choses de moindre importance. Nous avons pu constater que cet exercice est très profitable quand il est fait avant d'entamer la recherche d'une maison dans le but de l'acheter. Les visites libres vous aideront à déterminer ce à quoi vous tenez sur votre liste. Nous vous avons proposé quelques idées que vous retrouverez dans le tableau ci-dessous, mais vous devez y mettre ce qui est important pour vous, qu'il s'agisse d'un loft en ville ou d'une maison individuelle en banlieue. Par exemple, Roberta a un petit train dans sa cour qui amuse beaucoup les enfants, mais qui est assez bruyant. Nous connaissons aussi des gens qui voulaient vivre à côté d'un parc, mais qui ont découvert que le bruit des personnes qui patinent ou qui jouent au tennis était un net inconvénient. Donc, avant d'acheter, établissez clairement ce qui vous convient.

	Il me faut…	J'aimerais…	Je ne veux pas…	Je pourrais accepter…
Caractéristiques				
Type et grandeur de maison	Résidence unifamiliale, condo, maison en rangée?	Maison spacieuse, isolée	Devoir monter un escalier très haut avec la lessive plein les bras	Quelques marches
Chambres à coucher	Trois chambres	Préfère les chambres au même étage	Des chambres au sous-sol	La chambre des maîtres sur un étage à part des autres chambres
Autres pièces	Deux salles de bains et une salle familiale	Salle de toilette à l'étage et, au deuxième, salle d'eau, salle de jeu et d'étude	Une seule salle de bains. Aucun espace de jeu	La salle d'eau au sous-sol. Un salon pouvant servir de salle de jeu

	Il me faut…	J'aimerais…	Je ne veux pas…	Je pourrais accepter…
Âge de la maison et réparations à faire Maison neuve ou existante	Travaux de décoration mineurs	Nouvelle maison avec possibilité de choisir la couleur de briques ou ancienne maison à portée historique	Devoir faire des travaux majeurs de reconstruction	Rénovations très mineures qui ne nécessitent pas d'aller vivre ailleurs pendant les travaux
Propriété				
	Emplacement pour un barbecue	Jardin nécessitant peu d'entretien ou balcon/terrasse	Un jardin nécessitant beaucoup d'entretien	Service d'entretien pour le jardin
Stationnement	Stationnement	Garage adjacent ou souterrain	Un stationnement sur la rue avec permis ou un stationnement commun	Stationnement pavé dans la cour avant
Quartier				
Nouveau quartier ou quartier déjà bien établi	Quartier d'un certain âge et bien entretenu	Quartier établi avec de grands terrains bien entretenus	Un quartier en construction (dans la boue et la poussière)	Un quartier en expansion
Type de voisinage	Désire qu'il y ait des enfants pour jouer ou besoin de vivre avec des gens d'un certain âge	Rue avec beaucoup d'enfants et peu de circulation routière	Des voisins de passage, qui ne s'intègrent pas à la communauté	De la diversité, avec quelques jeunes familles
Écoles	École dont le parcours se fait à pied	École renommée à proximité	Devoir prendre l'auto pour se rendre à l'école	Service d'autobus scolaire
Type de rues	Trottoirs et peu d'achalandage	Arbres à maturité, rue avec cul-de-sac et circulation locale uniquement	Trop de circulation dans le quartier	Communauté en développement
Services récréatifs	Parc	Centre communautaire	Absence de parcs et de services	Un parc situé à une dizaine de minutes à pied

	Il me faut...	J'aimerais...	Je ne veux pas...	Je pourrais accepter...
Transport	Accès aux autoroutes pour aller travailler et accès aux transports en commun	Accès au travail , à l'école et aux transports en commun à pied ainsi qu'accès facile aux autoroutes	Devoir prendre un moyen de transport pour me rendre à l'école et au travail et devoir emprunter des routes à circulation intense	Prendre de 5 à 10 minutes pour me rendre à l'auto-route et aux transports en commun
Sécurité	Faible taux de criminalité, bonne vie communautaire	Ne veux pas toujours avoir à verrouiller les portes à double tour	Vivre dans la peur du cambriolage	Un système d'alarme
Coût des services... Outre les coûts de votre propriété, tenez compte des coûts partagés tels, les aménagements paysagers sur les boulevards	Coûts de services publics abordables, car ils peuvent varier beaucoup d'un endroit à l'autre	Communauté bien entretenue avec des frais partagés raisonnables	Devoir payer des frais partagés	Prime associée aux coûts d'entretien
Accès aux commerces	Accès facile au supermarché	Près d'un dentiste, d'un médecin et accès à pied à un dépanneur	Toujours avoir à prendre l'auto	Devoir conduire pas plus de cinq minutes
Bruit	Peu de bruit	Calme et tranquille	Subir le vacarme des automobiles, des trains, des avions ou tout autre bruit incommodant	Des bruits occasionnels, comme un chien qui jappe

Appendice B

Liste des dépenses mensuelles		
Loyer / Prêt hypothécaire		
Impôt foncier municipal		
Assurances		
Assurance-vie (assurance-vie hypothécaire ou autre assurance-vie)		
Assurance médicale		
Assurance des biens		
Assurance-automobile		
Commodités		
Électricité		
Gaz, propane		
Eau		
Téléphone (conventionnels et cellulaires)		
Câble / antenne parabolique / Internet		
Services à domicile, dont l'entretien de la pelouse, le déneigement, un service de sécurité		
Transport		
Carte d'abonnement pour le transport en commun, taxis		
Paiements de location de véhicule		
Frais de de permis et d'immatriculation du véhicule		
Entretien du véhicule, essence, huile, lave-auto		
Paiements		
Prêts et lignes de crédit		
Cartes de crédit		

Autres

Épicerie		
Alcool et bière		
Repas en dehors de la maison		
Pharmacie, y compris les ordonnances		
Soins à la famille : soins dentaires, dépenses non couvertes par l'assurance		
Entretien vestimentaire : dont le nettoyage à sec, les réparations et les retouches		
Vêtements et chaussures		
Entretien ménager, ameublement, jardin		
Services de garde, y compris les services de garde à domicile et la pension alimentaire pour enfant(s)		
Cadeaux		
Dons de bienfaisance		
Divertissements : cinéma, concerts, location de vidéos ou de DVD		
Lecture : livres, journaux, magazines		
Soins personnels, dont le salon de coiffure		
Soins pour animaux		
Ordinateur : développement des photos, logiciels		
Vacances		
Éducation (pour tous les membres de la famille, y compris les droits de scolarité et les fournitures scolaires)		
Argent de poche		
Frais d'intérêts et frais bancaires		
Épargnes (REER, REEE, autres)		
Total des dépenses mensuelles		
Total du revenu mensuel		
Différence		

Appendice C

Liste aide mémoire

Lors de votre lecture, vous avez peut-être surligné des passages en souhaitant pouvoir vous en souvenir au moment d'acheter votre maison. Voici donc un résumé des points importants qui faciliteront votre démarche :

1. Trouvez une maison qui convienne à votre style de vie.

- N'oubliez pas que l'emplacement est primordial. Choisissez un quartier qui vous plaît.

- Notez les points qui vous semblent importants à propos de la maison que vous recherchez.

- Notez les caractéristiques qui vous apparaissent nécessaires et celles que vous aimeriez retrouver.

2. Déterminez vos capacités financières.

- Déterminez la somme que vous pouvez allouer pour le versement initial.

- Calculez, approximativement, vos frais de clôture et assurez-vous que vous avez l'argent. Vous pouvez demander l'aide de votre agent immobilier, de votre prêteur et de votre conseiller juridique pour vérifier vos calculs.

- Déterminez le montant mensuel que vous pouvez allouer pour des versements hypothécaires. Vous pouvez utiliser le calculateur de versements hypothécaires de la Banque Scotia sur le site Internet www.banquescotia.com .

- Ajoutez les coûts d'entretien de la nouvelle maison à vos dépenses régulières afin de voir si vous pourriez continuer à faire les choses que vous voulez. Vous pouvez utiliser la liste en appendice B.

3. Déterminez les démarches que vous devrez entreprendre pour la recherche de votre maison et l'offre d'achat.

- Demandez à des membres de votre famille ou à des amis s'ils connaissent un bon agent immobilier et allez rencontrer des agents immobiliers lors des visites libres dans le quartier de votre choix.

- Obtenez auprès de votre institution financière un prêt hypothécaire préapprouvé.

- Vous devrez recourir aux services d'un conseiller juridique. Si vous n'en connaissez pas, votre prêteur ou votre agent immobilier pourrait vous en référer un.

- Dès que vous aurez trouvé votre maison, vous devrez faire appel aux services d'un évaluateur et d'un inspecteur de maison privée.

- On vous demande habituellement d'avoir un assureur pour vos biens avant de vous avancer les fonds de votre prêt hypothécaire. Votre assureur prépare l'assurance des biens une fois votre offre acceptée et la police est prête avant la date de clôture.

Glossaire

Assurance

Assurance-crédit • Police d'assurance remboursant tout solde de vos emprunts (carte de crédit, prêt bancaire, ligne de crédit, prêt hypothécaire) si vous tombez gravement malade, si vous êtes sérieusement blessé lors d'un accident ou encore en cas de décès.

Assurance-habitation • Terme général servant à décrire tous les types d'assurance-habitation. La plupart des polices d'assurance couvrent le dommage subi par votre maison (et par la plupart des biens personnels s'y trouvant) soit par le vol, le feu, la foudre, la fumée, le gel de tuyauterie, la glace et la neige. Les risques reliés à la responsabilité civile peuvent également être couverts. L'assurance-habitation est habituellement considérée comme une condition pour l'obtention de votre prêt hypothécaire.

Assurance-prêt hypothécaire contre les défauts de paiement • Aussi nommée assurance-prêt hypothécaire. Votre prêteur hypothécaire doit bénéficier de cette assurance si le ratio du montant de votre prêt hypothécaire par rapport à la valeur de la garantie est élevé (lorsque les sommes dues en vertu du prêt hypothécaire excédent 75% de la valeur de l'immeuble).

Assurance-titre • Police d'assurance qui vous protège et qui protège votre prêteur contre les vices de titre pouvant être découverts lors de la mise à jour du certificat de localisation et de la recherche de titre au registre foncier du bureau de la publicité des droits. Si aucun certificat de localisation à jour n'est disponible, situation qui se produit surtout dans le cas d'immeubles situés dans de vieux quartiers ou en région rurale, l'assurance-titre pourra remplacer le certificat de localisation ou la recherche de titre faite par un conseiller juridique. Il vaut mieux discuter de cette option avec un conseiller juridique afin de voir s'il s'agit d'une solution avantageuse dans votre cas.

Assurance-vie hypothécaire • Police d'assurance-vie qui remboursera la totalité du solde de votre prêt hypothécaire advenant votre décès. Vous souscrivez à cette assurance par le biais de votre prêteur hypothécaire.

Bureau de crédit • Établissement fournissant à ceux qui font crédit des renseignements précis et pertinents pour l'évaluation du risque. Des rapports de solvabilité complets et des modèles de pointage de crédit sont utilisés par ceux qui font crédit, ces derniers s'appuyant sur les renseignements découlant des rapports de solvabilité ou des pointages de crédit avant de consentir un prêt.

Caution • Tandis que les co-emprunteurs bénéficient du même accès à leur compte d'emprunt, la caution n'a pas accès au compte, mais partage la responsabilité de remboursement du prêt. Essentiellement, votre rôle pour tout emprunt sera le même si vous signez les documents garantissant le remboursement du prêt. Il faut faire preuve de prudence avant de se porter caution pour quelqu'un et se préparer à devoir rembourser le montant du prêt dans le cas où le débiteur principal refuserait ou négligerait de le faire.

C.I.I. • Versements réguliers du prêt hypothécaire comprenant le remboursement du capital, le paiement de l'intérêt et le paiement de l'impôt foncier.

Coût d'emprunt • Le but de la législation fédérale portant sur le coût d'emprunt, telle que mise en vigueur en septembre 2001, était de fournir aux consommateurs une information cohérente permettant de comparer les taux d'intérêt offerts par les prêteurs et les options d'emprunt. Elle oblige la divulgation des frais, intérêts et pénalités exprimée sous la forme d'un taux annuel en pourcentage (TAP).

Créancier hypothécaire • Prêteur

Date de clôture • Date où la vente de l'immeuble devient définitive et où le nouvel acheteur en prend possession.

Débiteur hypothécaire • Emprunteur

Évaluation • Processus de détermination de la valeur d'estimation de l'immeuble, y compris le terrain et les bâtisses.

Frais de clôture • De façon générale, tous frais reliés à la conclusion de la vente. Il peut s'agir de frais importants qui sont souvent sous-estimés par les acheteurs. Ces frais varient selon les provinces. Les droits sur les mutations immobilières ou sur les cessions immobilières en constituent habituellement l'élément majeur. Ces frais de clôture peuvent également inclure certains «ajustements» sur lesquels acheteur et vendeur doivent s'entendre, dont les impôts fonciers et les frais pour les services publics. Ils comprennent également les frais légaux ou l'assurance-titre, les frais d'inspection dans le cas d'une maison existante, les frais d'arpentage, la TPS dans le cas d'une maison neuve, les frais d'évaluation et les frais d'inscription du prêt hypothécaire.

Frais de remboursement par anticipation • Frais imposés par le prêteur quand l'emprunteur rembourse la totalité ou une partie de son prêt hypothécaire avant la date d'échéance prévue au contrat de prêt hypothécaire.

Intérêts

Intérêts composés et intérêts simples • L'intérêt représente les frais encourus pour emprunter de l'argent. L'intérêt simple est calculé de façon directe sur le capital dû qui est multiplié par votre taux d'intérêt, puis multiplié par le nombre d'années prévu pour le remboursement du prêt. Dans le cas des intérêts composés, les intérêts sont calculés sur un capital augmenté de ses intérêts accumulés selon la période prévue à votre contrat de prêt hypothécaire. Il faut retenir que moins les intérêts sont composés fréquemment, moins il vous en coûtera en frais intérêts.

Taux annuel en pourcentage (TAP) • Le coût annuel de votre emprunt. Pour un prêt hypothécaire, ce coût inclura les intérêts et les frais qui y sont associés et il sera exprimé en pourcentage.

Taux fixe et taux variable • Un prêt hypothécaire à taux fixe signifie que le taux d'intérêt est fixe pendant un terme déterminé. Un prêt hypothécaire à taux variable signifie que le taux d'intérêt fluctue selon les conditions du marché monétaire, habituellement pas plus d'une fois par mois. Les versements mensuels restent les mêmes pour une période déterminée; cependant le montant appliqué sur le capital varie en fonction du taux d'intérêt.

Taux pondéré • Lors d'un déménagement, vous pouvez combiner le solde existant du prêt hypothécaire de la maison que vous vendez au montant de tout nouvel emprunt additionnel pour y appliquer le nouveau taux d'intérêt pondéré. Certains prêteurs offrent ce service sans pénalité ni frais d'administration.

Taux préférentiel • Taux accordé par les banques pour les emprunts consentis aux clients possédant un excellent rapport de solvabilité. Il s'agit d'un taux variable, pouvant fluctuer à la hausse comme à la baisse, en tout temps. Il est directement fixé en fonction du taux de la Banque du Canada.

Obligation • Titre de placement qui permet de recevoir le capital à l'échéance, en plus de recevoir des intérêts. Les obligations sont émises par les gouvernements et les grandes entreprises. Elles peuvent être achetées et vendues sur le marché des obligations, au nom d'investisseurs particuliers et institutionnels. Au Canada, le revenu d'intérêt provenant des obligations détenues par un particulier est imposé selon son taux marginal d'impôt.

Offre conditionnelle • Document ayant force légale établissant les termes d'une offre d'achat ainsi que les conditions qui devront être remplies afin que l'offre se transforme en contrat liant juridiquement les parties. Les conditions peuvent comprendre l'exigence d'une inspection de l'immeuble, l'obtention du financement ou l'inclusion de certains effets déterminés. Un délai est normalement prévu pour la réalisation des conditions. Si les conditions ne sont pas remplies dans ce délai, l'offre devient caduque. Avec une offre inconditionnelle, si l'acheteur décide de retirer son offre, il perd alors ses arrhes.

Période d'amortissement • Véritable nombre d'années qu'il faudra pour le remboursement complet du prêt hypothécaire. Ce nombre d'années peut excéder celui du terme du prêt hypothécaire. Ainsi, les prêts hypothécaires ont souvent un terme de cinq ans mais une période d'amortissement de vingt-cinq ans.

Préautorisation • Service de préadmissibilité offert par votre prêteur vous permettant de connaître le montant que vous pouvez emprunter pour l'achat d'une maison. Vous pouvez ainsi concentrer vos recherches sur des maisons se situant dans votre gamme de prix. Quand vous obtenez une préautorisation de prêt hypothécaire, votre taux d'intérêt est habituellement garanti pour une certaine période de temps, à partir de la date de votre demande.

Prêt garanti • Avoir un emprunt «garanti», signifie qu'une garantie accessoire accompagne le prêt. Si vous ne pouvez pas respecter les obligations de votre prêt hypothécaire, votre prêteur a le droit d'exécuter sa garantie pour recouvrer sa perte. Les garanties accessoires peuvent inclure des immeubles, des valeurs mobilières (par ex. des actions, des obligations, un compte d'investissement), des biens durables (par ex. des automobiles, des bateaux) et autres actifs.

Prêt non garanti • Prêt accordé par un prêteur sans que l'emprunteur ne donne de garantie accessoire.

Prêt relais • Solution d'emprunt particulière pour les acheteurs procédant à l'achat d'une nouvelle maison tandis que la vente de leur maison actuelle n'est pas encore conclue. Il s'agit d'un prêt à court terme vous permettant d'assumer provisoirement les obligations de deux prêts hypothécaires à la fois.

Prise en paiement • Procédure légale par laquelle le droit de propriété de l'immeuble est transféré au prêteur si l'emprunteur ne fait pas ses paiements hypothécaires. On utilise également l'expression «vente par le créancier» qui signifie que le prêteur exige que l'immeuble soit vendu lorsque l'emprunteur est en défaut de paiement.

Ratio du service de la dette totale (RSDT) et Ratio du service de la dette brute (RSDB)

Le RSDT est le pourcentage du revenu annuel brut qui est nécessaire pour rencontrer les paiements reliés au logement et à toutes les autres dettes et obligations, telles les paiements d'un prêt-auto. Normalement, le RSDT ne devrait pas excéder 40% du revenu brut. Le RSDB est le pourcentage du revenu annuel brut qui est nécessaire pour rencontrer les paiements reliés au logement (versements hypothécaires comprenant le capital, les intérêts et les impôts fonciers, prêt additionnel, chauffage et 50% des frais de copropriété, le cas échéant). Le RSDB ne devrait pas excéder 32% du revenu annuel brut. Pour les travailleurs autonomes et à commissions, on utilise le revenu net pour calculer le RSDT et le RSDB.

Remboursement anticipé • Paiement d'un montant supérieur à celui prévu pour vos versements hypothécaires périodiques.

Renouvellement • Prolongation du contrat de prêt hypothécaire avec le même prêteur et pour un autre terme. La durée du terme et les conditions (telles le taux d'intérêt) peuvent être modifiés. Un renouvellement anticipé vise à prolonger le contrat de prêt hypothécaire avant l'échéance du terme existant.

Terme • Durée du contrat de prêt hypothécaire. La période d'amortissement étant plus longue que le terme, les paiements hypothécaires versés pourront ne pas couvrir la totalité du capital dû à l'échéance du terme.

Titre de propriété • Contrat par lequel une personne détient la propriété d'un immeuble avec le droit d'en occuper et d'en utiliser le terrain et les bâtisses de manière exclusive.

Types de prêt hypothécaire

Assumation du prêt hypothécaire • Votre prêteur peut autoriser le nouvel acheteur de votre maison à prendre à son compte votre prêt hypothécaire existant, s'il remplit certaines conditions. Il s'agit d'une option intéressante si vous avez un prêt hypothécaire à long terme avec un taux inférieur au taux courant et si vous n'avez plus besoin de financement hypothécaire une fois la maison vendue. En assumant votre prêt hypothécaire, le nouvel acheteur bénéficie d'un bon taux et, de votre côté, vous évitez d'avoir à payer des frais de remboursement anticipé.

Fermé et ouvert • Un contrat de prêt hypothécaire fermé ne permet pas le remboursement avant échéance. Le prêteur peut permettre le remboursement dans certaines circonstances, mais il imposera une pénalité en raison de ce remboursement anticipé. Un contrat de prêt hypothécaire ouvert permet des paiements anticipés ou le remboursement complet en tout temps, sans pénalité.

Hypothèque accessoire • Prêt garanti par un bien immobilier et basé sur un billet promissoire pour le remboursement.

Hypothèque mobilière • Prêt garanti par des biens autres que des biens immobiliers.

Prêt hypothécaire à ratio élevé • Prêt hypothécaire dont le montant excède 75% du moindre de la valeur d'estimation ou du prix d'achat de l'immeuble. Un prêt hypothécaire à ratio élevé doit être assuré auprès de la Société canadienne d'hypothèques et de logement (SCHL), société fédérale chargée d'appliquer la Loi nationale sur l'habitation. On peut aussi souscrire à cette assurance-prêt hypothécaire par l'entremise d'un assureur privé tel GEMICO.

Prêt hypothécaire conventionnel • Prêt hypothécaire dont le montant n'excède pas 75% du moindre de la valeur d'estimation ou du prix d'achat de l'immeuble. Un prêt hypothécaire au-delà de ce montant doit être assuré.

Prêt hypothécaire de second rang • Hypothèque additionnelle portant sur un immeuble qui est déjà grevé d'une hypothèque de premier rang. Les droits du prêteur du second prêt hypothécaire prennent rang derrière les droits du prêteur hypothécaire de premier rang. Certains propriétaires accordent une hypothèque de premier rang pour garantir leur compte d'emprunt hypothécaire et utilisent la valeur nette de l'immeuble pour garantir leur ligne de crédit par une hypothèque de second rang.

Prêt hypothécaire inversé • Contrat par lequel un propriétaire utilise la valeur nette de son immeuble pour faire un emprunt. Le remboursement du prêt se fait généralement lors de la vente de la maison (par le propriétaire ou sa succession, advenant son décès).

Prêt hypothécaire sur tenure à bail • Prêt hypothécaire garanti par une bâtisse se trouvant sur un terrain loué. Le prêteur bénéficie de droits sur le bail.

Prêt hypothécaire transférable • Prêt hypothécaire qu'un propriétaire peut transférer d'une maison à l'autre en cas de déménagement. Même si les taux sont alors plus élevés, vous pouvez conserver le solde du prêt hypothécaire existant au même taux d'intérêt jusqu'à l'échéance.

Valeur d'estimation • Valeur estimée de l'immeuble qui a été offert en garantie pour un prêt hypothécaire. Cette évaluation, faite à des fins d'emprunt hypothécaire, pourra déterminer que la valeur d'estimation est inférieure au prix d'achat de l'immeuble.

Liste des sites Internet

Agence du revenu du Canada **www.ccra-adrc.gc.ca**

> Ce site fournit des renseignements sur le Régime d'accession à la propriété REER.

Association canadienne de l'immeuble **www.crea.ca**

Association canadienne des constructeurs d'habitation **www.chba.ca**

Association des banquiers canadiens **www.cba.ca**

Banque Scotia www.scotiabank.com

Bureau d'assurance du Canada **www.ibc.ca**

> Ce site regroupe une foule de renseignements utiles sur les différents types de polices d'assurance pour votre habitation.

Carnet de route pour la rénovation **www.myhomereno.com**

> Ce site s'adressant aux consommateurs canadiens fut lancé en 2001 par l'Association canadienne des constructeurs d'habitation afin de donner des conseils pour la rénovation. Il vous fournit des renseignements et des outils dont vous aurez besoin pour dresser votre plan de rénovation avec des détails sur la façon de définir vos objectifs, de rendre votre domicile plus sain et plus éconergétique et de trouver un entrepreneur professionnel compétent.

Equifax Canada Inc. **www.equifax.com**

Service inter-agences **www.sia.ca**

> Le système SIA est un service commercialisé par l'Association canadienne de l'immeuble. Il fournit des renseignements sur les propriétés actuellement inscrites sur le marché canadien pour la vente ou la location.

Services de titres FCT **www.firstcdn.com**

> Les Services de titres FCT et sa société-mère, la First American Title Insurance Company, constituent ensemble la plus importante société offrant de l'assurance-titre au Canada. Ce site fournit des renseignements sur l'assurance-titre ainsi que sur les autres produits et services offerts, reliés à l'immobilier.

Société canadienne d'hypothèques et de logement **www.cmhc-schl.gc.ca**

> La Société canadienne d'hypothèques et de logement (SCHL) fut créée en tant que société de la Couronne en 1946. Le mandat de la SCHL est de promouvoir la construction, la rénovation et l'entretien des maisons, ainsi que l'amélioration de la qualité, du choix et de l'abordabilité des logements. Son site Internet offre une panoplie de renseignements pour les acheteurs de maison et les propriétaires.

TransUnion Canada **www.tuc.ca**

Index